大学で「使える」英語を学ぶ方法

教養教育推進センター編

はじめに

　岐阜大学では、平成24年度から全学共通科目のカリキュラムが変わりました。そのなかでもっとも大きな改革のひとつは、**語学の充実**です。とくに英語の授業を2倍にしたことは、思い切った変更です。これからの時代は、英語での発表や、論文の執筆、そして就職後にも必要とされるため、国際化社会の時代に欠かせない科目として、教養教育推進センターでは、英語をこれまで以上に重視しようと考えました。そしてこの機会に、教養ブックレット・シリーズでも、英語の学習支援ができないかと検討しました。

　教養教育推進センター内で編集会議をなんども重ね、英語担当の先生方に編集方針を伝えたうえで、岐阜大学の学生が、この大学で**実際に「使える」英語**をどのようにして習得したらいいのか、と率直に質問してみました。

　そこで出された英語の先生方の答えは、非常にシンプルなものでした。

　ひと言でいえば、それは**「中学英語を完全にマスターすること」**です。中学レベルの英語をしっかり身につければ、英語の運用力、応用力がつく、というのです。たしかにその通りかもしれません。とはいえ、それは口で言うほど、簡単ではないでしょう。英語にかぎらず、人が何かをひとつ修得するには、そこに膨大な時間とエネルギーを注ぎ込まなければなりません。これは当たり前のことかもしれませんが、要領よく修得することばかりに目が向いて、意外と見過ごされていることではないでしょうか。

　おそらく、みなさんは、週1、2回の大学の授業で、かろうじて英語とつながっていると思いますが、英語をものにするには、それだけは不十分です。つねに英語に触れ、英語で話したり、考えたりする時間を意識的に作らなければなりません。ふだんの日常生活のなかで営々と行われている英語への取り組み。大学の授業を起点としながらも、授業以外の時間に、英語とどう向き合い、どう取り組んでいるのか。これこそが問われているのです。

　「教養ブックレット・シリーズ」第5弾となる本書、**『大学で「使える」英語を学ぶ方法』**が目指しているのは、みなさんが自らの力でそうしたふだんからの英語の取り組みができるために、具体的な方法やヒントを示し、みなさんの英語への学習意欲を引き出し、高めることです。そのために、第1部の**「大学で『使える』英語を学ぶには？」**では、英語担当の先生が英語学習の効果的な方法を提案し、第2部の**「わたしはこうして英語を学んだ！」**では、英語で発表したり、論文を書いたり、英語圏で共同研究している先生の体験や苦労を語ってもらいました。

　さあ、これを機会に、みなさんも、大学で英語が「使える」ようになりましょう！

教養教育推進センター編集部

大学で「使える」英語を学ぶ方法

目 次

はじめに

第1部　大学で「使える」英語を学ぶには？

「道具」としての英語論
―実践的な英語を身につけるために　　　　　仲　潔・・・・・・・・・・・8

日本人の英語学習についての誤解：トップ5　　デイヴィッド・バーカー・・・・14

英語が身につく学び方のヒント　　　　　　　巽　徹・・・・・・・・・・・18

インターネットの無料サイトで英語を学ぶ　　内田　勝・・・・・・・・・・22

詩から英語を学ぼう　　　　　　　　　　　　サチ・スリ・カンタ・・・・・・28

岐阜大学における新たな英語教育の取り組み　長尾裕子・・・・・・・・・・34

第2部　わたしはこうして英語を学んだ！

夢の中で英語を話そう	安藤弘宗	・・・・・・40
英語で冗談を言ってみよう	石田秀治	・・・・・・42
最適なゴールを設定しよう！	今井亜湖	・・・・・・44
英語をやりなおす方法　～米国臨床留学を終えて～	岩下拓司	・・・・・・46
英語を学ぶ理由を見つけよう	大沢匡毅	・・・・・・48
ささいなきっかけで上達した私の体験	大谷具幸	・・・・・・50
その日までに備えること	小山博之	・・・・・・52
英語を必要とする、明確かつ具体的なゴールが英語力を上達させる	西城卓也	・・・・・・54
「試験」を終え実用段階に向かおう！	長岡　仁	・・・・・・56
良きコミュニケーションのために	西川裕子	・・・・・・58
ロックとペーパーバックとポッドキャスト	福士秀人	・・・・・・60
英語の「運転免許」を持って路上へ出てみよう	三宅　崇	・・・・・・62
どうしても英語を学ぶ気力が続かない人へ～多文化理解の愉しみのススメ	安田淳一郎	・・・・・・64
気張らない実用英語のすすめ	山口　瞬	・・・・・・66
大学時代に英語ショックを味わおう！	山本秀彦	・・・・・・68
原書を全文和訳	山本政幸	・・・・・・70

第 1 部　大学で「使える」英語を学ぶには？

「道具」としての英語論－実践的な英語を身につけるために

仲 潔

【教育学部】

1 「コミュニケーションの道具」としての英語

　わたしたちは日々、ことばを用いて人びとと分かり合ったり、時には傷つき／傷つけ、冗談を言ったり、笑ったり、泣いたりなど、心の中身／思いを記号にのせて、相互作用の中で生きています。それは、必ずしも意図的なものばかりではありません。たとえば、思いもかけないひとことが、誰かを勇気づけたり、あるいは傷つけたり、幸せな気持ちにさせたりすることがあります。ことばは目的を達成する手段であるとともに、予期せぬ影響も与えかねないのです。

　昨今、「英語はコミュニケーションの道具」とよく見聞きしますが、単純に「伝えたいことを伝える」という性質のものではありません。たいていの「道具」には、必ず「説明書」が付いています。説明書には、その道具の特徴や効能はもちろんのこと、「使用上の注意」も書かれています。同様に、英語をコミュニケーションの「道具」と考えるならば、英語の特徴や効能（表現力の向上や使い方など）に加え、英語を使用する際の注意事項（他者への配慮や他者の言語使用に対する肯定的な態度など）も知っておくべきなのです。

　言語をコミュニケーションの道具として使う場合、「特徴」である文法や発音などをいくら身につけても、必ずしもうまく活用できるとは限りません。たとえば、「この部屋は暑いですね」と言われた場合、あなたは「そうですね」と答えるだけで終わるでしょうか。おそらく、「窓を開けましょうか」とか「エアコンを入れましょうか」と続けるでしょう。もしそうで

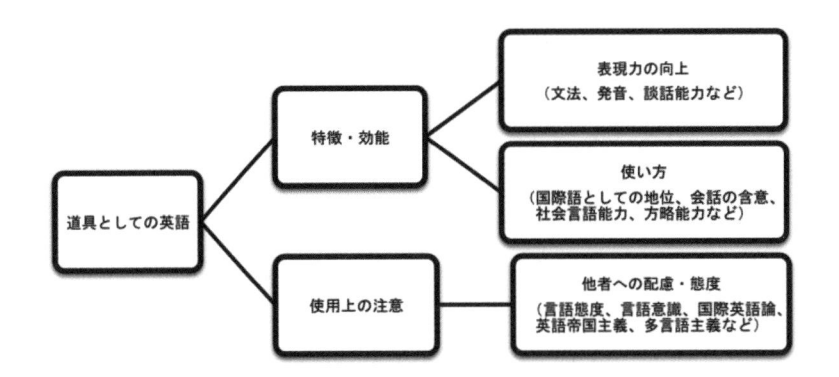

```
道具としての英語 ── 特徴・効能 ── 表現力の向上
                              （文法、発音、談話能力など）
                 │
                 ├── 使い方
                 │   （国際語としての地位、会話の含意、
                 │    社会言語能力、方略能力など）
                 │
                 └── 使用上の注意 ── 他者への配慮・態度
                                   （言語態度、言語意識、国際英語論、
                                    英語帝国主義、多言語主義など）
```

あれば、「この部屋は暑いですね」という表面的な文章が本当に伝えようとしているのは、「この部屋が暑い」という客観的な情報ではなく、「窓を開けて欲しい」「エアコンを入れて欲しい」という願望であると言えます。このように、文法や発音だけではなく、その背景にあるメッセージを理解しなければ、言語をうまく操ることにはなりません。

英語を「道具」として使いこなすために知っておくべきこととは？

「道具」としての英語論―実践的な英語を身につけるために

それでは、完璧な文法、完璧な発音、さらに発話の真の意味を理解できればコミュニケーションは成立するでしょうか。残念ながら、必ずしもうまくいかないことがあります。例えば、「何もありませんが、どうぞ」を"There is nothing, but please help yourself." と発話したとしましょう。文法的には間違っていないこの英文を、適切な場面で、適切に振る舞いながら、正しく発音しても、相手は意味を理解してくれないかもしれません。なぜなら、上記のような発話をするという「発想」そのものにおいて、異言語間では違いがあるからです。したがって、言語が用いられる背景や状況、発想法に対する理解もまた、言語を道具として用いる場合に重要と言えます。英語の場合、世界中のさまざまな文化的背景を持つ人びとに使用されているために、それらの違いがコミュニケーションにとって大きな障壁となり得るのです。

　さらに、世界にはさまざまな英語が存在します。英語学習の教材に付随しているCDやMP3でリスニング練習をしたような英語を、実際に聞くチャンスはほとんどあり得ないと考えてよいでしょう。「本場の味」と書かれているイタリア料理店で食べる料理と、本当にローマやフィレンツェで食べるそれとでは、少し違うことがよくあります。食文化であれ言語であれ、その「本場」を離れると、それぞれの土地や風土に応じて自然に変化していくのです。たとえば、シンガポールの人びとは、とくに仲間内では、発話の語尾に"lah"をつけたりします。もちろん発音やイントネーションも独特です。このような現象は世界中のいたるところで見られるどころか、国家の政策として積極的に推進している国・地域も多いのです。みなさんの中に、もしも「本場」とか「ナマの」という形容に弱いという自覚があれば、そういったメンタリティは英語上達の大きな壁となり得ることを忘れないでほしいと思います。

　以上から、「英語をコミュニケーションの道具」として使いこなすためには、大雑把に分類すれば、英語の特徴、効能、使用上の注意を学ぶ必要があると考えます。

2　受信型と発信型の違い

　いきなりですが、ここでみなさんに英語のテストを行います。次の日本語を英語に直してみてください。

> 　1536年までウェールズは独立国であった。ウェールズの人々は、ウェールズ語という独自の言語を話していたのである。しかし、ウェールズはイングランドによる支配を受け、そして1536年の連合法（The Act of Union）により、かの地はイングランドの一部となったのである。その法律により、英語はウェールズの「公用語」とされたのであった。1870年以降、子どもたちは学校では英語を使用しなければならなくなった。仮にウェールズ語を話せば、首の周りに木札をつけさせられたのである。その木札には、「ウェールズ語禁止」と書かれていたのであった。

　どうでしょうか。みなさんの中にはスラスラと英語に直せた方もいらっしゃるかもしれません。しかしながら、おそらく「難しい」と感じた方が多いのではないでしょうか。タネを明かしますと、上記の文章は、2004年度まで使用されていた中学校向けの英語教科書（『New Crown』三省堂　なお、模範解答（？）については、本小論の末尾に掲載しますので後ほどご確認ください）の3年用の一部を抜粋し、日本語に訳しただけです。つまり、中学校の英語をマスターするだけで、上記のような内容を的確に英語で表現することができる、というわけです。

　みなさんのほとんどは、中学校の英語の教科書を「読んで分からない」ということはないでしょう。これは「受信」面の能力です。ところが、「英語で書く／話す」という「発信」面になったとたんに、できなかった方が多いのではないでしょうか。
　実は、「使える英語」を身に付けるためには、本小論の冒頭で述べたような「使用上の注意」の他に、「受信／発信」という点での、発想の転換

が必要なのです。英語を読んだり、聞いたりする場合、どのような語彙や表現を用いられるかは、こちら側に選択権はありません。したがって、「受信」においては高度な理解力が必要となります。しかしながら、英語で書いたり話したりする（つまり、発信する）場合、どのような語彙・表現を用いるかをこちら側の意思で決められます。無理に難解な語彙や表現を用いて相手に誤解を与えるよりも、シンプルで相手が分かりやすい英語を使う、という心構えが必要なのです。iPhone や iPad でおなじみの Apple 社の創始者、故・スティーブ・ジョブス氏のスピーチを聴いたことはあるでしょうか。彼の英語は非常にシンプルで分かりやすい英語です。どの程度の英語を「発信」できるようになればいいのか ― その目安が中学校範囲の英語を、自分で発信できるレベルに到達すればよい、ということになります。

「受信」面の能力とともに「発信」面の能力が必要です！

3　おわりに

　最後になりましたが、本小論で述べたことのすべてを「完璧に」こなすことを目指す必要はありません。よくよく考えれば、私たちは「日本語」を常に「標準語」の語彙選択や文法、発音の規則にしたがって発話しているわけではありません。コミュニケーションの相手の出身地域などによる違いについて、それほど知らなくても、コミュニケーションは成り立ちます。道具としての言語の「特徴、効能、使用上の注意」のすべてができないのであれば、さすがにコミュニケーションに支障をきたしますが、それぞれが完璧ではなくても、じゅうぶんに私たちはコミュニケーションを図ることができるのです。あまり「完璧」にこだわらず、間違いを恐れずにどんどん英語を使ってみましょう。

【追記】
　本小論で紹介した中学校向け英語教科書（『New Crown』）の、原文を掲載しておきます。非常にシンプルで分かりやすい語彙・表現にもかかわらず、メッセージ性の強い英文となっています。ぜひ参考にしてみましょう。

　Before 1536 Wales was an independent country. People in Wales spoke their own language, Welsh. But Wales was conquered by England, and in 1536 through the Act of Union it became a part of England.
　The law made English the 'official language' in Wales.
　After 1870 children had to use English at school. If they spoke any Welsh, they had to wear a piece of wood round their neck. The piece of wood said 'Welsh Not'.

日本人の英語学習についての誤解：トップ５

デイヴィッド・バーカー
【教育学部】

　「英語は嫌い」「英語は苦手」と思っている日本人はたくさんいると思いますが、こんなふうに感じてしまう原因は、ただの思い込みや誤解であることが多いのです。ここに英語学習に関する「よくある誤解」を５つ紹介したいと思います。

１．英語は難しい！

　そもそも、ある言語は「難しい」、そして他の言語は「簡単」という考え方は間違っていると思います。語学は「難易度」ではなく、母語との「距離」を考える必要があります。皆さんにとっては、スペイン語を習得するのは大変なことだと思いますが、イタリア人にとってはそれほど難しいことではありません。逆に言うと、イタリア人にとっては、韓国語を習得するのは大変なことですが、日本人にとってはそれほどではないでしょう。つまり、「英語は難しい」のではなく、「英語は日本語から遠い」ということです。母語との距離が遠いので、日本人にとって英語が難しいのは当たり前のことです。

２．日本人は語学が苦手

　「私たち日本人は語学が苦手です」この文章のおかしいところは「は」です。「〜は」という言い方をすると、「他とは違う」というニュアンスがあるでしょう。つまり、「日本人"は"語学が苦手」と言うと、まるで他の国では誰もが簡単にできているように聞こえます。これは大きな勘違いです。私の国、イギリスでは、学校でフランス語、またはドイツ語を勉強し

ますが、どちらも比較的英語に「近い」言語にもかかわらず、学校の勉強だけで話せるようになる人はほとんどいません。

　英語学習に関して、中国人や韓国人に劣等感を持っている日本人は多いようです。私は、イギリス・シンガポール・ニュージーランドで様々な国籍の留学生を教えたことがありますが、中国人や韓国人の方が日本人よりも英語ができると感じたことは一度もありません。中国語や韓国語も日本語と同じように英語から「遠い」言語なので、彼らも皆さんと同じように苦労しています。私の知る限り、学校の勉強だけで母語と全く違う言語を話せるようになる人はいません。語学において、他の国の人に劣等感を感じる必要はないのです。もっと自信を持ちましょう！

3．海外に行けば自然に英語が身に付く

　外国語は、その言語が使われている環境にいても、自然に身に付くものではありません。私の友人の中には、長期間日本に住んでいても、全く日本語ができない人がたくさんいます。同様に、海外に住んでいても、全く英語ができない日本人もたくさんいるようです。やはり、それ相応の努力をしないと、どんなに長く海外で過ごしても話せるようにはなりません。

4．外国人の友達がいないから英語の練習はできない

　「英語を使う機会がない」と言う人はたくさんいますが、これも勘違いです。日本人同士で練習しても十分に効果はあります。英語を話すときの問題は、頭の中にある知識を取り出すのに時間がかかり過ぎることです。この知識への「アクセス速度」を上げるためには、毎日のようにアクセスする必要があります。誰と話すためにアクセスしているのかは、全く関係ありません。極端に言えば、ペットやぬいぐるみと練習しても効果はあるのです！　しかし、ペットやぬいぐるみは返事をしてくれないので、やはり人間相手の方が望ましいでしょう。

練習で知識への「アクセス速度」を上げよう！

　日本人同士だとお互いの間違いが分からない、という欠点があるかもしれませんが、たとえ外国人と話したとしても、意味が通じれば十分なので、ほとんどの人はあなたの間違いを直してくれないでしょう。外国人と話す場合は、会話のバランスが極端に偏るので、皆さんはほとんど質問に答えるだけになると思います。それに比べると、日本人同士で練習をする方が会話のバランスも取れ、ずっと効果があると言えます。正しい発音を覚えられないのでは、と心配する人もいるかもしれませんが、授業で習ったことを友達同士で練習すると、上達がとても早くなります。少なくとも、頭の中にある英語を素早く出せるようにはなるでしょう。先生といるときにしか練習しない人は、永遠に話せるようにはなりません。

5．日本人は6年間も英語を勉強している

　「6年間」と言うとかなり長い期間に聞こえますが、大切なのは「継続期間」ではなく、「合計時間」です。日本人が6年間にどれくらい英語を勉強しているのか計算してみましょう。学校によると思いますが、平均して週に4回くらい英語の授業があります。一回の授業を50分、出席確認

などの時間を除いて、一週間の授業時間の合計を約3時間とします。一年間は52週間ありますが、休み、テスト、学校行事などがあるので、普通に授業ができる週はおよそ30週です。つまり、一年間で約90時間英語を勉強していることになります。これを6年間続けると合計で540時間になりますが、これは語学学習としては非常に少ない時間です。外国語を習得するには、少なくともこの3倍以上の時間が必要です。ですから、皆さんは「6年間も英語を勉強している」のではなく、「540時間しか勉強していない」と考えてください。これだけの学習時間では、皆さんが英語を話せないのは当たり前のことです。むしろできる人がいたら、それは本当に奇跡だと思います。

　皆さんはスポーツや楽器など、習い事をしたことがあると思います。もし授業やレッスン以外に練習しなかったとしたら、どれくらい上達すると思いますか？　ほとんど上達しないでしょう。語学も同じです。言葉は「知識」というよりも「技術（スキル）」なので、練習しなければできるようにはなりません。つまり、語学学習は、ギターやピアノ、スノーボードなどを習うことと全く同じなのです。そこまで英語の練習をしたくない人もいるかもしれませんが、最初から「やっぱり私は英語が苦手」だと思い込まないでください。

　大人になってから外国語を身に付けるのは非常に大変なことです。間違えることへの「恥ずかしさ」、言いたいことが言えない「悔しさ」、なかなか理解できない「もどかしさ」などは語学の避けられない一部です。しかし、これは日本人だけの問題ではなく、世界中の語学学習者に共通する悩みです。外国語の習得は難しいことですが、決して不可能なことではありません。問題は必要な努力をするかどうかです。勉強して練習さえすれば、誰でも必ず話せるようになります。これまでの英語に関する誤解や思い込みを捨てて、新たな気持ちでもう一度、英語の勉強に挑戦してみませんか？「簡単にできる」とは言いませんが、必要な努力をすれば、必ず話せるようになることを約束します。

英語が身につく学び方のヒント

巽　徹

【教育学部】

英語表現との出会い3段階！

> 「先生、どうしたら新しい単語を覚えられますか？」
> 「そうだな～、最低3回その言葉に出会うことだね。そうすれば覚えられますよ！」

　このアドバイスは、私が英国で英国人の学生たちに日本語を教えていたときの決まり文句です。「本当に3回(・・)で身につくのか？」と問われると本当はあんまり根拠はありません。ただ、英国で日本語を学ぶ彼らは日本語に出会うチャンスが滅多にないので、出会う回数を「3回」くらいに抑えておかないとやる気が出ないだろうという教育的配慮(?)から「3回出会えば…」と学生を励ましていました。自分の英語学習の経験を思い出してみてもたったの「3回」の出会いではやはり難しいだろうなとおもいます。それでも、ある単語や表現が身につくまでには、その言葉との「出会い」が大切であったことは確かです。しかも、その出会いには次のような「3段階」があったのではないかと考えます。

> 【第1段階】「この言葉見たこともない、何これ？」
> 【第2段階】「どこかで見たような気がするな、でも意味はわからない。」
> 【第3段階】「確かに前に見たことがある、しかも、意味まで確認した記憶がある。でも今は意味がわからない。う～ん、悔しい！」

皆さんはどうでしょうか？

「単語や表現が身につくまでの過程のイメージ」

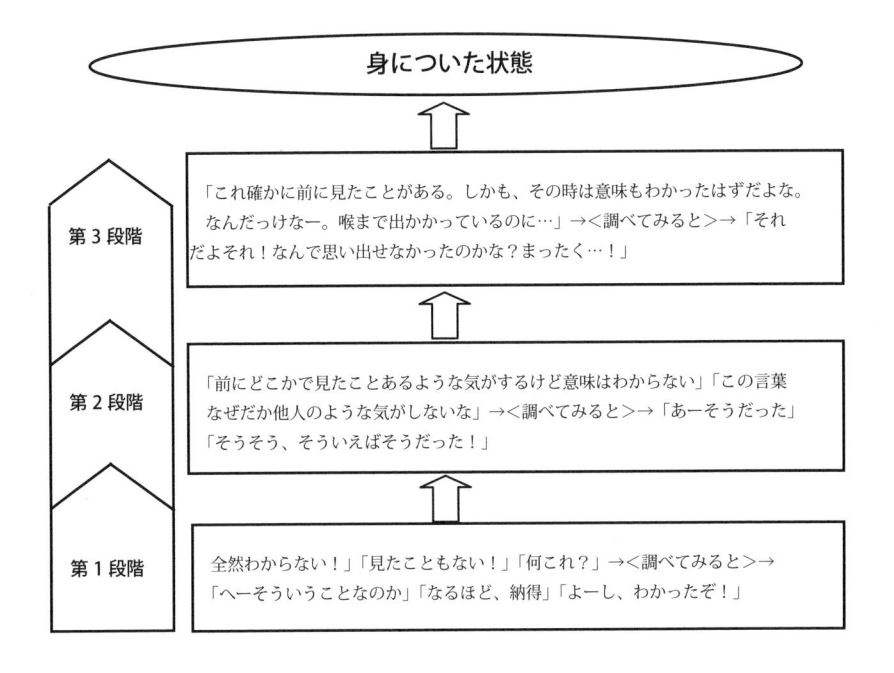

身についた状態

第3段階　「これ確かに前に見たことがある。しかも、その時は意味もわかったはずだよな。なんだっけなー。喉まで出かかっているのに…」→＜調べてみると＞→「それだよそれ！なんで思い出せなかったのかな？まったく…！」

第2段階　「前にどこかで見たことあるような気がするけど意味はわからない」「この言葉なぜだか他人のような気がしないな」→＜調べてみると＞→「あーそうだった」「そうそう、そういえばそうだった！」

第1段階　「全然わからない！」「見たこともない！」「何これ？」→＜調べてみると＞→「へーそういうことなのか」「なるほど、納得」「よーし、わかったぞ！」

　もちろん個人差もありますから、以前に何度も出会っているのに「お初にお目にかかります！」と感じることもあるでしょう。また、運転免許を取る時のように同じ段階をしばらく繰り返さないと次の段階に進まないこともあるかもしれません。おまけに、しばらく会わないうちに下の段階へ逆戻りすることもあるかもしれません。しかし、出会いが多ければ多いほど少しずつ上の段階へ登っていくということは経験上正しいような気がします。

　また、出会いにも2種類あるようで、同じ文章を何度も読み込み出会いのチャンスを増やすという方法もあれば、さまざまな異なるテキストや文脈での出会いを重ねていくという方法もあるかと思います。私の場合は、後者の方がどうも性にあっているようで、異なった場面、文脈で出会うことで段階が進んで、その単語や表現が身についていくような気がしています。

英語との出会いの可能性を高める学習方法

　いろいろな表現との「出会い」の可能性を高める方法としてお勧めなのが「英語を読むこと」です。あまりにもありきたりの方法かも知れませんが、色々と読んでいるうちに、読んで「楽しい」「面白い」読み物に出会う必要があります。その基準は個人で異なりますから、ここでは、私の読み物選びの例をご紹介します。

　私は一冊の本をがっちり読むのではなく、ちょっとずつ面白そうな話題だけをつまみ食いしたいタイプです。そんな私にぴったりな読み物が「英字新聞」。中でも「お気に入り」は英国の大衆紙 Daily Mail です。「見出し」と「写真」から面白そうな記事を読みます。読み始めてつまらなかったり、内容がわからなかったら、すぐに違う記事に乗り換えです。決して自分の英語力のなさに失望したり、背景知識の不足を反省してはいけません。「この記事を書いた人が不親切だ！」くらいの気持ちで、自分に合わない記事を捨てていくのがよいでしょう。

英字新聞をきっかけに、いろいろな表現に「出会う」ことが重要！

紙版の英字新聞が手に入らない場合は電子版が便利です。電子版であれば興味のある話題をカテゴリー別に検索したり、キーワードで記事を検索したりすることもできます。

　最後に、私の授業で新聞記事を読んだ学生たちが見つけてきた面白記事をいくつか紹介します。何から読もうか迷っている方は、このあたりから取り掛かってみてはいかがでしょうか？

電子版 Daily Mail のページ

カテゴリーやキーワード入力により様々な記事を読むことができる。
http://www.dailymail.co.uk/home/index.html
学生による「世界まる見え！仰天ニュース」の例（見出しの日本語訳は筆者）
＊ Daily　Mail のページの右上の検索窓に下記英字見出しを入力して検索してみよう！
"Skydiving collie falls 165ft from a clifftop and lives to bark again"　「愛犬奇跡の生還 ‐ 50m ダイブ ‐ 」
"This is your captain. Get ready to jump on the hijacker when we land"「パイロットの機転が救ったハイジャック事件」
"The airline diet"「エアライン・ダイエット」

インターネットの無料サイトで英語を学ぶ

内田　勝

【地域科学部】

　インターネットにつながったパソコンや、スマートフォンなどの携帯端末さえ使えれば、無料の教材や英語学習のヒントを与えてくれるサイトは、ネット上にたくさん見つかります。私は自分が担当している全学共通教育の授業「英語1」の受講者向けに、「英語1：外部リンク（英語学習に役立つサイトへのリンク集）」(http://www1.gifu-u.ac.jp/~masaru/a1/) というウェブページを作っています。一般公開しているページなので、「英語1　外部リンク　内田」という言葉で検索すれば、たぶん見つかるはずです。このページから、特に有益なリンク先をいくつか紹介してみることにします。

（1）"Talk to yourself in English"（PDFファイル）
(http://www.eltnews.com/features/thinktank/Talk-to-yourself-Helgesen.pdf)

　最初に紹介するのは、日本の大学で英語を教えてきた Marc Helgesen 氏が、効果的な英会話独習法を提案している PDF 文書です。一言で言えば "Talk to yourself silently in English." ――つまり声に出さずに英語でひとりごとを言うという方法です。たとえば通学中にバスに乗っているとき、バスの乗客や窓から見える人々を眺めながら、"That couple looks really happy. They are holding hands. I think they are in love…" "She's wearing glasses. Maybe she needs them to read. He's using his mobile phone for texting (emailing). Maybe he's using it to write to his girlfriend. She's got a designer bag. Maybe..."（以上、リンク先の PDF より引用）といったことを英語で考え続けるというものです。

　実際にやってみると、最初は自分の処理能力のあまりの低さにびっくりすると思います。でもそのうち使える単語やフレーズが増えるにつれて、処理速度はだんだん上がっていきます。いわば使いこなせる単語やフレーズというアイテムが増えていくにつれ、あなたは経験値を獲得し、レベルを上げていくわけです。そうなればこのゲームは、そんじょそこらのソーシャルゲームより面白くなるだろうし、このゲームの中毒になってしまえばしめたものです。なによりこのゲーム、何も道具がいりません。なんだかヒマだなと思ったときに、いつでもどこでも始められますから、今後あなたは一生、退屈することがなくなるでしょう。

"Talk to yourself silently in English."

（2）英語勉強法：シャドーイング

(http://www.alc.co.jp/eng/benkyo/trainingm/04.html)

　シャドーイングとは「聞こえてきた音声をそのまま繰り返し口に出し続ける」という外国語学習法ですが、このリンク先では、英語学習におけるシャドーイングの効果や、シャドーイングの具体的なやり方について、同時通訳者の柴原智幸氏が、実演をまじえて解説しています。一度シャドーイングのやり方を覚えてしまえば、英語の音声なら何でも教材として使えるので、自分の実力に合った内容やスピードの音声を探して、シャドーイング教材に使うことができるようになります。

　シャドーイングはまったく文字に頼らず音声だけを聞いて、その音声をできる限り忠実に再現する練習ですが、文字なしではきついという場合は、まず同じ音声を使って「オーバーラッピング」（英文を見ながら、聞こえてくる英文音声と同時に声に出して言う練習）を何度かやってみましょう。文字を見ながらの「オーバーラッピング」で自信が持てたら、文字をまったく見ない「シャドーイング」に進んでください。

（3）NHK 語学番組：英会話タイムトライアル

(http://www.nhk.or.jp/gogaku/english/timetrial/)

　NHK ラジオの語学番組の多くは、一週遅れでストリーミング放送を行っています。ラジオの放送時間に縛られずいつでも好きな時に聞けるので、非常に便利です。どの番組が自分に合っているのかを確かめる意味で、まずはこの「英会話タイムトライアル」を、テキスト無しで一度聞いてみることをお勧めします。ちょうどいいレベルならそのまま聞き続ければいいし、簡単すぎるようなら「実践ビジネス英語」などの上級者向け講座に進んでください。なお、日本をテーマにした時事英語に興味のある人には、NHK 教育テレビの「ニュースで英会話」公式サイト（http://cgi2.nhk.or.jp/e-news/）が、番組で取り上げたニュースを自習用教材として公開し

ていて便利です。

　英語学習に苦手意識を感じている人にとっては、小学生向けのテレビ番組「プレキソ英語」がお勧めです。公式サイト（http://www.nhk.or.jp/eigo/prekiso/）で番組全体を視聴できるようになっています。小学生向けでありながら最初から最後まで英語しか使わずに進行するこの番組は、あなたが高校までの授業で触れてきたのとは、別の形で英語に触れる機会を与えてくれるはずです。シャドーイング用の教材にも向いています。

（4）多読で英語に親しみませんか？
（http://www.seg.co.jp/sss/learning/）

　英語の多読学習法とは、辞書を引かなくても読める程度のやさしい英語で書かれた本（graded readers）を、大量に読むという学習法です。上に挙げたリンク先は、多読学習法の普及につとめている団体が、この学習法を簡潔に解説したページです。
　やさしい英語で書かれた本は、初心者用から上級者用までさまざまなレベルのものが出版されているので、最初は初心者用から始めて、徐々にレベルを上げていくわけです。特に初級者〜中級者用の、中学教科書レベルのやさしい英語に大量に触れることは、あなた自身が英語で考えるための基本的な表現を身に付けるために、大いに役立つはずです。
　しかしそもそも「やさしい英語で書かれた本」なんてどこで読めるんだと思うかもしれません。実は、岐阜大学附属図書館で借りていくらでも読めるのです。附属図書館3階の「外国語読本コーナー」には、Penguin Readers、Oxford Bookworms、Cambridge English Readersという「やさしい英語で書かれた本」の主要なシリーズが、初心者レベルから上級者レベルまで、ほとんど全巻そろっています。ぜひ活用してください。

(5) TED Talks（日本語字幕版）
(http://www.ted.com/translate/languages/ja)

　各界の著名人や何らかの偉業を成し遂げた人たちが英語で行なった、15分前後の講演の動画が見られるサイトです。初期設定では日本語字幕が表示されますが、動画の下に出る字幕選択スイッチで "Japanese" ではなく "English" を選択すると、英語の字幕付きで動画を見ることができます。また、動画の右下に表示されている "Show transcript" というスイッチで "English" を選択すれば、英語字幕すなわち講演のトランスクリプト（文字起こし）全体を読むことができます。
　TED Talks は、講演の英語音声、それを文字に起こした英文、その日本語訳、講演者の表情豊かな映像、そして何より重要な「面白い内容」を兼ね備えた、究極の英語教材とも呼ぶべきサイトです。ここで視聴できる動画を教材として効率的に使うには、以下の6つの段階を踏むのがいいと思います。

1. タイトルに興味を引かれた講演の動画を日本語字幕付きで見て、教材にする動画を探す。
2. 教材に選んだ講演の日本語訳を読み、講演の内容を把握する。
3. 日本語訳の内容がどのような英語で表現されるのかを確認するために、日本語訳と英文トランスクリプト（文字起こし）を対照させながら読む。英語が難しいところは辞書で調べてもよい。
4. 英文の意味がすっかり理解できたあとで、英文字幕を表示させながら動画を再生し、「オーバーラッピング」（英文を見ながら、聞こえてくる英文音声と同時に声に出して言う練習）を行なう。
5. 字幕なしで動画を再生し、シャドーイング（聞こえてきた音声をそのまま繰り返し口に出し続ける練習）を行なう。
6. 字幕なしで動画を再生し、サイレント・シャドーイング（声に出さずに頭の中でシャドーイングをする練習）を行なう。

もちろん以上の6つの段階のうち、最初のほうの段階は、あなたの実力に合わせてすっ飛ばしてかまいません。ある程度自信のある人なら、いきなり「4」（英文字幕付きでオーバーラッピング）や「6」（字幕なしでサイレント・シャドーイング）から始めてください。

（6）YouTube EDU: University

（https://www.youtube.com/education?category=University）

　最後はYouTubeから、世界中のさまざまな大学がアップロードした動画を集めたページを紹介します。英語による幅広い学問分野の講義や講演の動画を視聴することができ、言わば英語圏の大学への留学を疑似体験することができるわけです。英語のキャプション（字幕）を表示できる場合もあるので、上の"TED Talks"の項目に書いたような「オーバーラッピング」や「シャドーイング」の教材としても使えます。私のウェブページ「英語1：外部リンク（英語学習に役立つサイトへのリンク集）」では、故・スティーブ・ジョブズ氏によるスタンフォード大学卒業式でのスピーチをはじめ、YouTube上で定評のある英語字幕付き動画へのリンクも多数用意してありますから、使っていただければ嬉しいです。

English Learning via Poetry

Sachi Sri Kantha

Center for General Education, Gifu University

詩から英語を学ぼう

サチ・スリ・カンタ

【岐阜大学教養教育推進センター】

Japanese students have been studying English for years at the school grades. But, it has been a perennial lament that even when they enter the university, their English skills are poor and weak. Why this has to be so? What remedies are available at hand? I suggest one remedy for this dilemma.

For multiple reasons, learning English via poetry has been ignored in Japan. Hundreds of universities in Japan have English departments. Have any faculty members gained international recognition as

日本の大学生は入学前に中学、高校で6年間、英語を学んでいます。にもかかわらず、彼らは大学に入っても英語ができないと嘆いています。なぜそうなってしまうのでしょうか？これをなんとかする方法はないものでしょうか？この厄介な問題に対して、わたしはいい方法をひとつ紹介したいと思います。

理由はいろいろありますが、日本に詩を題材にして英語を学ぶ授業はありません。日本の大学に英語を教える学部や学科がたくさんあっても、大学で英語を教える教員が、英語で詩を書く「詩人」というわけではないのです。こ

an English poet? Here lies one problem. The exam questions are chosen only from English prose, for the convenience of machine-based checking of simple answers and arranging translation-based questions. Students are the losers in this mode of archaic teaching and examination.

Poetry is powerful. Poetry can be brief, compared to prose, and recited many times within an hour. Poetry has rhythm. Poetry can be memorized. All these merits add to improving the vocabulary. British poet William Wordsworth (1770-1850) had quipped that 'Poetry is the spontaneous overflow of powerful feelings.'

In the adjacent page, I introduce a popular poem of John Godfrey Saxe (1816-1887) about the six blind men who went to see an elephant. Their erroneous impressions after touching one particular organ and their inferences derived from such actions were humorously assembled with the punch line ending the poem: 'Though each was partly in the right, and all were in the wrong!'

こにひとつの問題点があります。試験はもっぱら英語の散文から出題されます。マークシート方式の選択問題や英文和訳の問題を作るときに便利だからです。日本の学生たちはこうした昔ながらの教え方や試験方法の犠牲になっているのです。

詩は大きな力を秘めています。詩は、散文とちがって短く、短時間のあいだに何度でも声に出して読めます。しかも詩にはリズムがあるので、覚えやすいのです。こうしたメリットによって、語彙もふえます。英国の詩人ウィリアム・ワーズワース（1770-1850年）は、「詩は溢れる感情の自然な吐露である」という名言を残しています。

次のページに、米国の詩人ジョン・ゴドフリー・サックス（1816-1887年）の、象を見に行った6人の盲人のことを謳った有名な詩を紹介しましょう。それぞれの盲人が象の各部位に触れたときの誤った印象とそこから導き出された結論に、詩の最終行で次のようなオチがつきます。
「ひとりひとりは正しくても、全体としては間違っている！」

The Blind Men and The Elephant
盲人と象　　ジョン・ゴドフリー・サックス

It was six men of Indostan
　　　To learning much inclined,
Who went to see the Elephant
　　　(Though all of them were blind),
That each by observation
　　　Might satisfy his mind.

インドスタンに好奇心旺盛な6人の男がいた
象を見に出かけた者は
(みな目が見えなかったが)
自分で確かめれば
自分なりに納得できるだろうと考えた

The First approached the Elephant,
　　　And happening to fall
Against his broad and sturdy side,
　　　At once began to bawl:
"God bless me! but the Elephant
　　　Is very like a *WALL!*"

1人目の男は象に近づき
堅くて大きい脇腹にうっかりぶつかると
こう叫んだ
「いやはや、象というのは壁みたいだなあ。」

The Second, feeling of the tusk,
　　　Cried, "Ho! what have we here
So very round and smooth and sharp?
　　　To me 'tis mighty clear
This wonder of an Elephant
　　　Is very like a *SPEAR!*"

2人目の男は牙にさわってこう叫んだ
「ほう、これはなんて丸くてつるつるで
しかも先が尖ってるんだ？
おれにははっきりと分かるよ、この象という
不思議な生き物はまったく槍のようだね。」

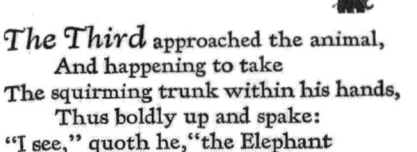

The Third approached the animal,
　　　And happening to take
The squirming trunk within his hands,
　　　Thus boldly up and spake:
"I see," quoth he, "the Elephant
　　　Is very like a *SNAKE!*"

3人目の男は象に近づきたまたまくねくね
と動く鼻を両手でつかんだので
大胆にもこう言った
「わかったぞ、象っていうのは
蛇みたいだなあ！」

30

The Fourth reached out an eager hand,
    And felt about the knee
"What most this wondrous beast is like
    Is mighty plain," quoth he:
"'Tis clear enough the Elephant
    Is very like a *TREE!*"

4人目の男は手をのばして
何度も膝のあたりをさわってこう言った
「この不可思議な獣には突起がないなあ
まったく木のようだ」

The Fifth, who chanced to touch the ear,
    Said: "E'en the blindest man
Can tell what this resembles most;
    Deny the fact who can,
This marvel of an Elephant
    Is very like a *FAN!*"

5人目の男はたまたま耳にさわり
こう言った
「目が見えなくても何によく似ているかは
わかるぞ。まちがいなく、象という驚く
べき動物はうちわみたいだ」

The Sixth no sooner had begun
    About the beast to grope,
Than seizing on the swinging tail
    That fell within his scope,
"I see," quoth he, "the Elephant
    Is very like a *ROPE!*"

6人目の男は手探りで揺れる尻尾を
つかむやいなや
こう言った
「なるほど、象というのは縄みたいだ」

And so these men of Indostan
    Disputed loud and long,
Each in his own opinion
    Exceeding stiff and strong,
Though each was partly in the right,
    And all were in the wrong!

こうして6人のインドスタンの男たちは
声を張り上げながら延々と議論を戦わせ
自分の意見に固執した
ひとりひとりは正しくても
全体としては間違っているのだが

There are many poems which provide advice and preach simple philosophy in simple words. Examples include, 'If' (32 lines) by Rudyard Kipling and 'The Road not taken' (20 lines) by Robert Frost. Even an 8 line triolet poem by Robert Bridges offers soothing fun. The arrangement in iambic tetrameter for a triolet with a set rhythm scheme is that, lines 1, 4 and 7 are the same; lines 2 and 8 also have to be the same.

Here it is:

When first we met, we did not guess
That love would prove so hard a master;
Of more than common friendliness
When first we met, we did not guess
Who could foretell the sore distress,
this irretrievable disaster,
When first we met we did not guess
That love would prove so hard a master.

In the West, even for medical education at universities, poetry rounds have been promoted for the past two decades (Horowitz, 1996*). This is because medical treatment has been dehumanized to such an extent that patients are merely considered as 'bed numbers' and 'cases of specific diseases'. Patients are burdened with

平易な言葉で有益な助言や分かりやすい考えを教示してくれる詩はたくさんあります。たとえば、ラドヤード・キプリング（1865-1936年）の「もしも」という32行の詩や、ロバート・フロスト（1874-1963年）の「選ばれざる道」という20行の詩などがそうです。ロバート・ブリッジズ（1844-1930年）の「トリオレ」と呼ばれるたった8行の韻律詩ですら、心を穏やかにし、愉快な気持ちにさせてくれます。「トリオレ」に対して用いられた弱強4歩格の詩形では、1行目と4行目、7行目で同じ詩句を繰り返し、2行目と8行目も同じでなければならないという決まりがあります。

ここにその8連詩を引用します。

初めて会いしとき、思いもしなかった
愛がかくもきびしい師であったことを
ありふれた好意以上のものだとは
初めて会いしとき、思いもしなかった
心の痛み、この取り返しのつかない不幸を
だれが知りえただろう
初めて会いしとき、思いもしなかった
愛がかくもきびしい師であったことを

西洋では、大学の医学教育の現場で、ここ20年ほどの間に、詩の授業が奨励されてきています。というのも、患者がたんに「ベッドの数」とか「特殊な症例」などと見なされるほど医療が非人間化されてきているからです。患者は精密医療器具につないだ管や探針

attached tubes or probes linked to sophisticated instruments and diagnosed with charts. Dr. Shigeaki Hinohara, Japan's centenarian physician, has a derisive phrase 'sphagetti syndrome' for this type of treatment. So that, medical students have to realize that they are treating humans first of all, poetry is used now in medical curriculum in the West to teach human relationship. When will Japanese medical students catch up with the West?

Lastly, I include my personal interest in poetry in Japanese language. Having lived in Japan for over 20 years, I'm still unable to read Japanese prose. This is due to my deficiency in kanji skills. But, to improve my Japanese knowledge, I do constantly listen to enka songs and also follow the tanga and haiku programs in NHK education channel. The beauty of Japanese poetry and lyrics (which are brief and power-packed expressions of emotion) stimulate my interest in learning Japanese language. Thus, I have no doubt that Japanese students can learn English via poetry and lyrics.

Reference
Horowitz, H.W.Poetry on rounds: a model for the integration of humanities into residency training. Lancet, 1996; 347: 447-449.

を身体に取り付けられ、カルテに診断結果が出されます。100歳を超える内科医の日野原重明氏は、こういう医療を「スパゲティ症候群」(身体中にチューブやセンサーが取り付けられた重症患者)という言葉で揶揄しています。それゆえ、医学生は何よりもまず人間を扱っているのだということを知る必要があります。詩は現在、西洋では、人間関係を学ぶという目的で、医学の履修課程の中にきちんと位置づけられています。日本の医学生たちはいつになったら、西洋に追いつけるのでしょうか？

　最後に、わたしが日本語で書かれた詩に関心をもっていることを付け加えておきたいと思います。20年以上も日本に住んでいるのですが、わたしはいまだに日本語の文章が読めません。というのは、漢字が読めないからなのです。けれども、演歌を聴くことと、NHKの短歌と俳句の番組を見ることで、わたしの日本語の知識は増えています。日本の詩や歌（ここには短いけれども非常に濃密な感情表現があります）が美しいからこそ、わたしはつねに日本語を学びたいという気持ちになります。というわけで、わたしは日本の学生が詩と歌を通して英語を学べるものと確信しています。

（訳・野村幸弘）

岐阜大学における新たな英語教育の取り組み

長尾裕子

【教養教育推進センター】

長尾先生は、いつから岐阜大学で英語を教えておられるのですか？

　かれこれもう 20 年近くになります。最初は医学部で教えていましたが、そのうち全学共通教育科目の英語も教えるようになりました。日本の大学では西洋史を専攻しましたが、在学中にアメリカへ短期留学し、語学研修を経験しました。そのとき出会ったアメリカの女子学生たちが、将来、仕事をもって経済的に自立するために活き活きと勉学に励んでいる姿を目の当たりにして、ものすごく触発されました。当時の日本は、女性はまだまだそういう職業意識などほとんどもっていない時代だったのです。それが大きなきっかけとなって、日本の大学を卒業後、わたしは迷うことなく、アメリカの大学院に留学しました。

アメリカの大学院では何を学ばれたのですか？

　英語教育です。自分にとっての外国語をいかに学び、そしてそれをいかに教えるのかについて学びました。アメリカの外国語学習のやり方は、当時の日本とはまったくちがっていました。何がもっともちがうかというと、ひと言で言うなら、それはフレキシビリティ flexiblity に尽きると思います。つまり「柔軟性」です。ひとつ例をあげると、たとえば、教材の選び方に柔軟性がありました。日本では決められたテキストを、どんなつまらない、興味のもてない内容であっても、それが英語である、という理由だけで読む授業も多くありました。さすがに今ではもうそんなことはないと思いますが。ところが、アメリカでは、英語を学ぶ時のアプローチの仕方が様々あり、学生のニーズに合わせた授業の行い方があることを学び、とても有

意義な経験をしたと思います。

　アメリカの大学院で学んだことは、今の岐阜大学の英語教育のなかでどのように活かされていますか？

　学生たちが興味をもちそうな教材をいつも収集していますし、学部がちがえば、学生の興味も異なりますので、医学部生には、この教材、看護学科生ならこの教材、というふうに、どんな教材を使えば、興味をもって英語に向き合えるかを研究しています。『ER 緊急救命室』（1994 ～ 2009 年にかけて、アメリカ合衆国の NBC で放映された人気ドラマ・シリーズ）や『Dr.House ドクター・ハウス』（同じく合衆国の人気ドラマ）から題材をとって授業に使ったりしています。教材を工夫することで、学生の英語に対する興味ががぜん変わるんです。そのせいか、授業評価アンケートでは、「授業に興味をもつことができた」という項目は、毎回、学生から高い評価をもらっています。

興味のある話題から、英語に触れよう！

今年度からカリキュラムが変わり、英語の授業数が 2 倍になりました。とくに工学部と医学部看護学科は、英語教育の改善に力を入れていますが、具体的にはどのような試みをされているのでしょうか？

　看護学科では「4 年一貫英語教育」というスローガンを掲げ、4 年間で 210 時間の英語の授業を確保し、じっさいの医療現場で患者さんたちとしっかり英語でコミュニケーションが取れるようになることを目指しています。工学部では、まず大学に入学した時点で、全員 TOEIC の試験を受けます。そして岐阜大学が Web 上で提供している自学自習型の語学学習システム「Net Academy ネット・アカデミー」（https://gugogaku.gifu-u.ac.jp/anet2/）を用いて、TOEIC 対策のテストを半期に 7 回、トライすることを義務づけました。大学の英語の授業だけでは、時間が足りないので、授業時間外でいかに英語の勉強をするか、という問題意識から、今年度、実施することになったのです。1 年が終わった段階で、TOEIC の点数が、430 点に達するか、あるいは当初より 50 点以上アップしたかを学習到達目標にしています。

　「Net Academy ネット・アカデミー」の学習効果はどうですか？

　まずはパソコンの前に座って、「Net Academy ネット・アカデミー」にアクセスし、英語に触れることを習慣にすることが大事です。なので、最初は、学生たちがどれくらいアクセスしているかを調べました。そうすると、アクセスする時間数が長くても、じっさいにはテストをしていないと思われるケースがあったり、かならずしも効果をあげていない例もありましたが、それでも、7 回のテストをすべてこなした学生は 5 割を超えましたし、まずは手始めとしてこの取り組みは評価できると思います。今後はこのシステムを使って、どのように実質的な学習に結びつけて行けるのか、さらに研究したいと考えています。

　先生は「英語相談室」の運営にも関われていますよね？

英語相談室で学生の相談にのる長尾先生

　はい、4、5年前から、毎週火曜日のお昼休みに、わたしの研究室を開放して、英語学習や留学についてアドバイスをしています。ただ残念ながら、最近、相談しに来る学生たちがめっきり減りました。以前は、留学したいという学生が毎週のように来ていましたが、最近の学生は外国に興味がないのか、ひどく内向きな気がしてなりません。サークルやアルバイトも学生生活には必要なことではありますが、広い世界に出て行って、見聞を広めることに、もっともっと積極的になってほしいものです。世界にはいろんな人がいて、いろんな考えをもって生活しています。そうした多様な価値観を知ることが、どれだけ社会に出てから役に立つか、ということに気づいてもらいたいですね。現代はネット情報社会です。そこでは重要な情報が英語で提供されているし、また発信する場合にも、英語が力を発揮します。そうした情報処理と、じっさいに現地に行って、身体で感じることとが両方合わさって、成長して行くのだと思います。ぜひ、時間に余裕のある、この学生時代に、英語と、そして英語を通して、できるだけ多くのことを学んで下さい。「英語相談室」にも気軽に来て下さいね。

（聞き手：野村幸弘）

第 2 部　わたしはこうして英語を学んだ！

夢の中で英語を話そう

安藤　弘宗
【応用生物科学部】

　大学の教員となった今でも英語に苦しむ日々を送っています。英語で論文を書く、研究発表をする、外国人の研究者と交流する、など英語を使う（使わなければいけない）機会が増え、英語をさらに勉強してゆくと、自分の英語が不安になるという悪循環に飲まれているのでしょう。しかし、幼少期、青年期を日本で過ごす大半の日本人にとって、これは当然のことなのです。英語が上手な人と出会うたび、「自分は英語が出来ます」とは口が裂けても言えなくなるのが現実です。皆さんには、英語を読む、書く、聴く、話すことを困らない程度に出来るようになる勉強を続けてもらえば十分だと思います。

　とにかく、単語量と文法理解度が英語力の基礎です。知らない単語は聞き取れないし、文法を知らなければ単語を正しく自由に使えません。単語や文法の学習では、入力（記憶）したら、出力（発音、作文）することが重要です。ですから、単語力の維持と増強のために、何かの英文を読んで（聴いて）知らない単語を書いて、正しい発音と一緒に覚えて、その発音をネイティブのように真似ることをお勧めします。自分が学生の頃は、大学の授業で使っている「有機化学」や「生化学」の英語の原著を使って、単語の勉強と文章表現を勉強していました。また、アメリカの雑誌一冊を読み潰していました。正しい発音は、当時は英語の教材の付録のCDを聴いて身につけていましたが、今はネットの辞書サイトなどで簡単に学習できるかと思います。とにかく、英単語の出し入れを繰り返して、記憶に定着させることが肝心です。単語帳はその目的には非常に便利です。

　また、アメリカに留学していたころは、テレビのニュースやドラマの字幕を追いかけながら、知らない単語を調べたり、キャスターや俳優の言葉を追いかけて話したり、書きとる練習（いわゆるディクテーションという勉強法です）を繰り返していました。今は、DVDで英語字幕の表示が出来るものが多いので、

アメリカの映画をレンタルすれば、留学しなくてもかなりの英語の訓練が出来ます。

　このように私はとにかく英語に触れる勉強を続けています。ただ、日本にいて困るのが英語を話す機会が少ないことです。しかし、一日の中で英語で物事を考える時間を作るだけで、会話の機会不足を補うことが出来ます。時間は長ければ長いほど効果があります。考えようとした時に英語に出来なかった表現を調べて勉強することを続ければ、自然に日本語を頭で訳さなくても英語の表現が出るようになります。また、人の話を頭の中で英訳する練習も効果があります。これを積み重ねると、必ず英語を話す夢を見る日が訪れます。それこそが英語脳が出来はじめた証拠です。

　英語を使うために必要なのは、特別な才能ではなく、地道な努力で作ることのできる英語脳です。みなさん、諦めずに頑張ってください！！

英語で冗談を言ってみよう

石田　秀治
【応用生物科学部】

　私の学生時代には、英語（英会話）を使う機会がほとんどなく、英語は高校や大学での単なる授業科目という認識でした。しかし、研究室に入ってからは、国際学会への参加や外国人研究者の訪問など、英語（英会話）を使う機会が一気に増えました。以下に、英語（英会話）の習得についての私の経験を書かせていただきます。

（1）修士での国際学会での口頭発表
　修士2年の時に、日本で開催された国際学会で口頭発表することになりました。原稿は取り敢えず自分で書きましたが、99％（99.99％？）先生に直して頂き、それを丸暗記しました。発表は出来ても質疑が出来なくて、英語（英会話）の必要性を痛感しました。

（2）北大での院生向け英語の授業
　博士課程で進学した北大では、大学院生向けの英語が開講されていました。英語の映画を字幕無しで見て、そのテーマについて英語で話し合うというものでした。共通のテーマは「愛」。「ゴッドファーザー」では家族愛、「炎のランナー」では祖国愛、ウッディ・アレンの英語では屈折した愛などです。皆さん、安心して下さい。誰も何も発言しませんでした。さすがに映画が字幕付になりましたが、それでも英語での議論はほとんどありませんでした。そんなもんです。

（3）インド人との会話（上）
　北大で学位を取得してから岐阜大の出身研究室に戻ると、インド人の博士研究員（ポスドク）がいたので、努めてその人と話すようにしました。この時、無謀にもなるべく冗談を言うように心掛けました。英語で冗談を言う事の利点が3つ有ります。まず、相手が笑うかどうかで、英語が通じたかどうかが直ぐ分かります。これは結構大きなポイントです。次に、気の利いた冗談を言って

英語の冗談に付き合ってくれたプラバさんと（京都にて）

いるとインテリに思われます。頭が良くなければ冗談を言えないと考えられているようです。最後に、冗談にして良い事といけない事を意識するようになり、相手の文化を深く理解できるようになった気がします。笑いを取るために、かなり際どいことを言うこともありますが（いわゆるブラック・ジョーク）、これは余程気心が知れていないと危険です。危ないインドジョークも教えてもらいました。

（4）インド人との会話（下）

　岐阜大学に赴任してから、ドイツに留学する機会がありました。ドイツ留学だから英語が下手で良いと言うわけにはいかず、ドイツでの英語上達を目論み、ポスドク仲間のインド人と毎朝（本当に、ほとんど毎朝）、カフェに行って会話をしました。専門の化学の話では英会話の上達にはつながらないので、意識的に政治、経済、文化について（もちろん冗談を交えて）話しをしました。約1年半続きましたが、これで少しだけ英会話に自信が付いた気がします。

おまけ

　ドイツ留学中にウィーン郊外に行った時です。眼鏡が壊れたので、通りを歩いているオバアさんに「眼鏡屋さんを探しているのですが」と、正しい（？）ドイツ語で尋ねたら、「中国語は分かりません」と言われました。そのドイツ語が理解できたのが悲しかったです。

最適なゴールを設定しよう！

今井　亜湖

【教育学部】

　学部生の頃に受けた英語の授業の記憶は、日本人の先生の朗読をひたすら聞いた、順番に英語の歌を歌ったというものばかりです。あまり英語が好きでなかった私は「英語は単位が取れる程度の勉強でいいかな」と思っていました。そんな私が、どこをどう間違ったのか、英語がとても必要な仕事に就いてしまい、「あの時、英語をもっと真剣に取り組んでいたら」と時々思いながら、今も英語学習を続ける羽目になっています。この本を読んでいる人の中には、英語が苦手、なかなか勉強する気になれないと感じている人もいると思います。そんな人に向けて、英語学習を長続きさせるためのヒントを書いてみようと思います。

　どうすれば英語学習が長続きするのでしょうか。その答えは「適切なゴール（目標）を設定し、適宜更新していく」ことです。ポイントは「適切なゴール」。ちょっと頑張れば達成できそうなゴール、これが理想です。学部生時代の私にも当てはまりますが、苦手な学習の場合にはこのゴールがうまく設定できず、壮大なものになっていることが多かったように思います。たしかに目標は大きく掲げたほうがよいですが、この目標を達成するためには、さらに小さな目標をいくつか設定しなければなりません。例えば、小学生の時に2桁＋2桁の計算ができるようになるまでにどのような学習を行いましたか。まず、数の概念を理解することから始まり、次に1桁＋1桁の繰り上がりなしの計算といった順番でゴールに向けて階段を1段ずつ上がるように学んでいったと思います。これを「スモールステップの法則」と呼びますが、おそらく英語も階段を上がるように小さな目標をクリアし、最後に控える大きな目標が達成できるように学習プランを考えていけば上達するのではないかと思います。

　では、ゴールを設定するために必要な準備は何でしょうか。それは「今の自分の実力を知る」ということです。私が教えている「インストラクショナルデザイン」では、これを「学習の前提条件」と呼びます。あなたの英語の発音は

1997年、エジプト旅行

ギザのピラミッドとスフィンクス

当時、中学校の技術の先生を目指していた私は「ピラミッドの内部を見よう」と思い立ち、激安モニターツアーでエジプトへ。渡航予定日の1ヶ月ほど前からエジプトのニュースが良くないものが多くなり、念のため危険を察知するための単語や英文を覚えて出発。嫌いな学習こそ目的が必要なのかもしれません。

エジプト考古学博物館

カイロのエジプト考古学博物館には、Royal Mummy Roomと呼ばれる部屋があり、古代エジプトのファラオのミイラが展示されていました。この博物館の展示解説はアラビア語と英語が併記されており、展示解説と自分が持っている知識がつながった展示はとても感動したことを覚えています。

外国人が聞いた時に理解してもらえますか？ 洋画を字幕なしで理解できますか？ など、今の自分は何ができて何ができないかを、頭の中にもう一人の自分を出現させて、「一人反省会」をしながらしっかりと分析していくのです。大学生で3カ国語を話せた知人に英語の勉強法を聞いたことがあります。「学校の勉強に加えて、自分の弱点だった発音を1年くらい徹底的にトレーニングしたら、話すのが楽しくなって、それから急に上達した」と答えてくれました。彼女は自分なりのゴールを設定し、今の自分の実力からゴールに達するまでに行なうべき学習内容を考え、着実に学習をすすめていったからこそ、英語でのコミュニケーションが不自由なくできるようになったのでしょう。

最適なゴールを設定し、自分の実力からゴールにたどり着くまでの道のりを考え、そのとおりに実行すれば、英語学習も三日坊主にならず、ゴールにたどり着くまで学び続けることができると思います。なぜなら、私もこの方法で英語学習を続けているからです。まずは、ここから始めてみませんか。

英語をやりなおす方法　〜米国臨床留学を終えて〜

岩下　拓司
【医学部】

　新入生のみなさん"こんにちは"。
　自分は内視鏡（胃カメラ）を使用して患者さんを治療することを専門としている消化器内科医です。先日、内視鏡技術を学ぶために米国留学を終え、無事に帰国しました。今回は自分が米国臨床留学にむけてどのように英会話を勉強し、留学中にどのようなことを経験し、留学を終えた今何を感じているかを、みなさんの英会話勉強法の参考となればと思い報告させていただきます。

　外国への留学に漠然としたあこがれを抱いていた自分は、医師として働き初めてからしばらくして、英会話力を改善するために英会話学校に通い始めました。当時、その学校は事前にポイントを購入し授業を受けるシステムで、ポイントを沢山買えば買うほどポイント単価が安くなるものでした。担当していただいた方の言うままに大量のポイントを事前に購入してしまい、その後しばらくは週1回・1時間程度は通いましたが、病院での仕事が大変忙しかったのと、週1回・1時間程度やっても英会話力が改善されていることを実感することができず、徐々に英会話学校から足が遠のいていきました。その様子を知っていた友人から金を溝に捨てたと言われたのを思い出します。
　その後しばらくして大学院に入学したのですが、そこでの臨床研究の開始と国際学会の経験が、自分の英会話への取り組みの姿勢を変える一つの転機になりました。大学院に入ると研究をするために英語の論文を読み・研究内容を英語で書きと必然的に英語へ触れる回数が増えました。国際学会に参加すると発表・議論はすべて英語で行われます。これらのことは自分の英会話力改善へのmotivationを再燃させてくれ、潤沢にある英会話学校のポイントを使用して、英会話学校が提供していたインターネット英会話レッスンを毎日30分程度、週に一度は実際に学校に出向きレッスンを受け、できるだけ英会話に触れる時間を多くしました。このような勉強方法をして1年ぐらいした頃から、徐々に英会話に慣れて来たことを自分で実感できるようになりました。少し自分の英会

話に自信を持ったころに、国際学会で自分の研究内容を口頭発表する機会があり、覚えて行った内容をひと通り英語で発表したまでは良かったものの、その後の質問で全く相手の言っている内容が理解できず大失敗を経験したりしました。成長の実感と失敗の経験は、更に英会話力を改善するための motivation を維持するのに重要だったのだと思います。そのような中、実際に現地の患者さんとのやり取りがある米国での臨床留学の話があり、自分の英会話力で患者さんとのやり取りができるのだろうかと不安が真っ先に頭を横切りましたが、やれることはやってきたという自分なりの思いもあり、口からはまるで迷いがないように「行きたいです」と出てきたのを覚えています。

　その後、留学先の教授の面接を受け、無事に合格し 2009 年 6 月に渡米しました。渡米してからも、現地の先生や患者さんとの communication が順調に行く訳がなく、事前にこちらが伝えたいことや質問内容を英語で文章にして覚えて行きましたが、少し話が脱線をすると修正が効かず大変に困りました。このようなことを何百回と繰り返すうちに、医療の現場では多少会話が脱線しても対応できるようになっていきました。ただ、最後まで苦手だったのは、患者さんが言ってくる American joke でした。日本で患者さんに検査の説明をして冗談を行ってくる人はいませんが、あちらの患者さんは「俺の体を針でブスブス刺して楽しいだろ」と返してきたりします。これだけは最後まで対応が苦手で、Japanese smile で逃げていました。このようなことをしながら、3 年弱の留学生活はあっという間に過ぎ、帰国後は岐阜大学医学部附属病院に復帰しました。帰国後も週に一度の頻度ですが英会話学校に通い英会話力改善に努めています。

　みなさんに自分の経験を通して伝えたいのは、英会話は触れる時間が長ければ必ず慣れる communication を取る道具にすぎないということです。英会話に触れる時間を長くするためには、触れようとする motivation の維持が重要ですが、英会話を使用して何をするかという目的無くして、英会話を学ぶという motivation を維持することは難しいと思います。どこかで読んだ言葉で、"人間は快適な環境に留まろうとしてしまうが、快適な環境を出て不慣れな環境に適応・学習していくことが成長に繋がる" とありました。みなさんも人生の一時でも慣れた日本の地を出て異国の地を経験することを勧めたい。そのための道具としての英会話を学び準備してはどうでしょうか。"Chance favors the prepared mind." そのような心の準備なくしては、いろいろな chance が chance とは見えないはずだと思います。

英語を学ぶ理由を見つけよう

大沢　匡毅

【医学部】

　皆さんの中には、「どうしても英語は苦手」という方が沢山いらっしゃるのではないかと思います。なぜなのでしょうか？　本質的な原因として、日本語が、英語をはじめとする西欧圏の言語体系と根本的に異なる言語だということがあげられます。幸か不幸か、私たちは、日本に生まれ、日本語を学んで来ました。そんな中で、日本語専用の独自の言語回路ができあがってしまい、異なる言語体系を理解するのに相当な努力が必要なのだと思います。なぜ、英語を理解するのにこんな努力をしなければならないのかと嫌気を感じてしまうのでしょう。また、学校での英語教育の仕方にも問題があると感じます。学校では常に日本語を通して英語を学習しますが（すなわち、日本語の英訳や、英語の和訳を中心とした学習法）、このような学習法が英語の理解の妨げになっているように思います。そもそも、日本語と英語は全く異なる言語体系なので、英語は英語として学習すべきであり、日本語を通して英語を学習すべきではないと思うのです。本来は、私たちが日本語を学んだのと同じようにして、英語を感覚的に学ぶべきだと感じます。

　皆さんは、英語を話そうとするとき、頭の中でまず日本語を考えてそれを英語に訳して話そうとしていませんか。また、聞いた英語を、頭の中で日本語に訳して理解しようとしていませんか。このような方法では、スムーズな英会話は成り立ちません。私も、英語を勉強し始めた頃はこのようにしていました。しかし、今は違います。私が英語でコミュニケーションをするときは、頭の中には日本語は存在しません。日本語を頭の中から追い出して、英語で理解するようにしています。要するに、私たちが、普段、日本語の会話でやっていることと同じことを、英語でやればよいのです。英語専用のもう一つの言語回路を、脳の中に作る必要があります。今、英語を学び直すのであれば、まずは、日本語を通して英語を理解することをやめることからはじめてはいかがでしょうか。
　そのためにはどのようにしたら良いのでしょうか。まず、英単語は英語で理

研究室のミーティングが終了して、皆で食事を持ち寄って簡単な食事会をしているところ（左から3番目が筆者）

解します。分からない英単語は、英英辞書で調べると良いと思います。英英辞書というと仰々(ぎょうぎょう)しいと感じるかもしれませんが、私の場合はアメリカの小中学生が使う Picture Dictionary が役に立ちました。絵が沢山画(か)いてあるので、楽しみながら英単語を感覚的に理解できました。また、英語の文章を読む時も和訳などしようとせずに、英語で理解すれば良いのです。

　英語には、日本語にはない独特の言い回しが沢山あります。これを覚えると英語を話すのが楽になります。英語の映画やドラマ、ニュースが参考になります。最初は、何を言っているのか理解できないかもしれません。そんな時は、日本語字幕でおよその意味を理解した上で、もう一度、同じものを英語で観ます。そのとき威力を発揮するのが、英語字幕です。英語字幕を見ながら英語を聞けば、英語での言い回しが良く理解できると共に、リスニングの勉強にもなります。ただし、汚い英語のまねを絶対にしてはいけません。

　何事も同じだと思いますが、何かの技能を身につけようとすると、それ相当の努力が必要です。そして、このような努力はモチベーションが低い場合には、苦痛になり、努力が逆効果になります。私は、まず、英語を学ぶべき理由を見つけることから始めるべきだと思います。そのためには、学生のうちに、一度海外に出て視野を広げてみることを勧めます。

ささいなきっかけで上達した私の体験

大谷　具幸

【工学部】

　私が大学生の頃は英語ができなかった。それは卒業まで続いたので、この「大学で使える英語を学ぶ方法」としては、ふさわしい例ではない。しかし、卒業後に英語の学習に取り組み、少しは話せるようになった経験はきっとみなさんの役に立つと思うので、ここで紹介したい。

　振り返ってみれば、私が大学生のときは英語ができない自覚はあったが、それに対する危機感は薄かった。その危機感を強く持つようになったのは、大学を卒業して就職した直後である。就職先では、仕事をする上で近い将来に英語が必要となることが明らかだった。職場の先輩たちには、流暢な英語を操る人もいたし、真剣に英語学習に取り組む人もいた。当然、自分自身も危機感を覚えたわけである。そのように危機感を抱きつつある中で、職場内で毎年1回実施されるTOEIC試験を受験した。後日、結果を受け取ったところ、点数がとても低く、大いに落胆した。がっかりした気持ちを抱えたまま家に帰ると、ちょうどその日のポストに英会話学校のチラシが入っており、さっそくそこに行ってみることにした。

　英会話学校に行っても、すぐに話せるようになったわけではないが、それでも同じレベルの人たちとクラスを組んで授業を受けていくにつれて、少しは話せるようになってきた。いや正確に言うと、英語を話す機会がたくさんあったから、たまにはうまくいくこともあった、というところだったと思う。しかし、これが小さな自信になったことはまちがいない。

　そうするうちに1年が経ち、また職場でTOEICを受験した。すると、こんどは大きく成績が上がった。今から振り返ってみると、英語の実力が向上したことだけではなく、限られた時間で上手に時間配分をして問題に取り組む方法など受験のテクニックが向上したことも大きな要素であったと思うのだが、とも

かく英語の学習を続けていけば英語が使えるようになるんだ、という大きな自信になった。また次の年も、その次の年もTOEICを受験するたびに成績が上がって、結果として英語の実力をつけることができた。

　私の経験を紹介した中で、いま英語に自信がない学生がこれから実力をつける上でカギとなることがいくつか含まれている。
　１つ目は「危機感を持つこと」。やはり学習の目的がはっきりすることによって、学習意欲が向上する。
　２つ目は「TOEICなどを定期的に受験すること」。自分の実力をきちんと把握するとともに、その変化を確認できる。幸いにして、岐阜大学では学内でTOEICを受験できる機会があるので、これはぜひとも活用すべきだ。
　３つ目は「小さな自信を持つこと」。TOEICの成績を上げることだけが大切だとは思わないが、学習した結果、成績が上がるとやはりうれしい。ひとたび小さな自信を持つことができれば、英語を学ぶことは苦痛から楽しみに変わってしまう。

　大学生の頃には気づかなかったが、英語ができればできるほど海外の人との意思疎通の幅が広がって楽しい。本来、英語の学習はこの楽しさを広げるためのものなんだ、と考えれば英語の学習自体も楽しめるのだと思う。

その日までに備えること

小山　博之
【応用生物科学部】

　使うあてもないのに、英語を勉強する必要はありません。皆さんは、十分に英語を学んできたとも言えます。でも、唯一必要なのは、本当に英語が必要になった時のために、「備えること」です。この「備える」とは、周到に準備することではなく、心構えのことです。ちょっと例え話で、「備える」ことを補足説明します。

　例えば、雪道を運転していて、カーブでスリップするのはとても怖いことです。この時に、「滑ると怖い」とビクビクしていると、滑り始めたとたんにブレーキを踏みこんで1回転するなんてことが起きます。これは、「備えている」のではなく、「恐れている」からです。「備える」とは、「雪道のカーブは滑るものだ」と、最初から思うことです。これだと滑り始めてもブレーキを踏みこむことなく、ハンドルを切ったりしてしのげるものです。「海外勤務」や「海外出張」は、卒業生の30％くらいが経験することになりますし、「外国人と働く」ことまで含めると、50％くらいになると思います。この事実がわかれば、「英語をやらなければならない時」が来ても、意外に何とかなるものです。その時が来たら、似顔絵を書いたり、歌を歌ったり、夕ご飯を作るのと同じように、「下手は下手なりに」何とかすればいいわけです。うまく、完璧な言葉を喋り、書くことは、ほぼ不可能ですし必要もありません。この考えは「恐れ」をよぶだけです。

　なぜ「似顔絵を描く」と言った類（たぐい）のことは何とかなるのでしょうか？　それは、これまでに皆さんがそれなりにやったことがあるからです。また、画家の様（よう）に書くことはできないことも知っています。ところが、英語になると途端（とたん）に敷居をあげてしまうのです。「金華山に登る」程度のことを要求されていても、「エベレスト無酸素単独登頂」ができないと、「私は山には登れない」と思い込まされてしまうのです。「I cannot speak English」とか、さらに文法にも配慮して「I can speak English a little」とか謙遜（けんそん）する時点で、この「エベレスト登山家以外は

インド‐日本生物資源開発ワークショップ（インド工科大学） 　インド工科大学の学生とヒンドゥー寺院で 　インド工科大学・アッサム大学の友人と東大寺で

人に非ず」と言う理論に到達してしまいます。皆さんは、プロの登山家にはならないので、「金華山」登りができれば十分です。この心がけが重要です。皆さんが必要とする英語は、「英語を母国語としない人たち」が、共通語として使う英語環境に入れる気持ちを持つことと、そこで何とかする力です。

　さて、英語を上達させるには、読むこと、書くこと、喋ることを実践する必要があります。書くのは日本語でも難しいので、後回しにすることにして、しゃべることだけがんばりましょう。英語を喋る留学生がいる研究室に入ればしめたものですが、心配な人は、「お金を払って」海外語学研修に行くのも良いと思います。これに加えて、人前で喋ったり、議論したり、論理的に書くことを練習するのも大切です。英語ができないと思う人の多くは、日本語でも同じことができない場合が多いからです。気負わずに、備えてください。

　最後に、写真の説明をします。共同研究を行っているインドの大学の先生と一緒に撮った写真です。彼らは、聞き取りにくいと悪名が高い「インド英語」で流暢に話します。私は、それよりは上品と思われる、日本訛りの英語で応戦しています。仕事の込み入った話ができるのですから、我ながら上達したと思ったりもします。彼らは、お札にも17言語で金額を記す多民族・多言語国家であるために、大学から英語を話し言葉として使い始めるそうです。「その日」に備えざるを得ない社会構造が、彼らを逞しくしているのが少しうらやましく思います。

その日までに備えること　53

英語を必要とする、明確かつ具体的なゴールが英語力を上達させる

西城　卓也
【医学教育開発研究センター】

　私の英語は決して流暢(りゅうちょう)ではありません。一応、Your English is excellent! と外国の方によくお褒(ほ)めいただきますが、最近分かったことは、本当に英語が喋(しゃべ)れる人に対して、外国の方はこのセリフを決して言わないということです！　それ故、この原稿を書かせていただく資格もあるのか分からない語学力であることは自他共に認めるところです。けれども、一つ自信を持って言えるのは、40歳目前の今、20代の大学生のころよりも英会話が確実に上達していることです。また、これからもう少しうまくなるだろうなと自分自身に期待しています。そのカギは、今の自分の仕事への情熱と夢です。つまり英語学習の目的が明確で具体的なことが重要であると感じているのです。少しだけこれまでの私の英語学習の過程を振り返ることで、多少なりとも皆さんの参考になれば幸いです。

　言わずもがな、完全に英語圏に留学することがひとつの学習方法であることは、皆さん容易に想像がつくと思います。そういう意味では、私は長期滞在したことが無く、ホームステイでカナダに1カ月、デンマーク・イギリスにそれぞれ海外臨床実習で2カ月弱、オランダに医学教育を学びに2カ月程度の滞在を3回したのみです。

　最初の頃は、とにかく英語が喋れれば、世界が広がる！　いつか何かで留学するかも！？という壮大で、しかし漠然とした目的で、特に海外に行く前に英会話を学んでいました。当時は、色々な英会話雑誌を読んだり、ＣＤで「英語のシャワーだ！」とむやみに聴いたり、ＤＶＤで映画の英会話を英語字幕付きで、繰り返し見たりしました。それらを通じて、英語に慣れた感覚はありましたし、ちょっとした日常会話でびくびくすることはあまりなくなりました。それで意気揚々と大学生や研修医の時に国際学会に参加したのですが、まるで意味がわからず意気消沈して帰国しました。考えたところ、当たり前ですが、専門用語の意味や会話の文脈（流れ）が全く分からなかったのです。それ以来、英語は、

海外臨床実習（英国・ノッティンガム）に参加した際の実習班と。厳しい実習の中で大苦戦しましたが、一生懸命サポートしてもらえました。

海外臨床実習（デンマーク・コペンハーゲン）に参加した医学生と。様々な人とコミュニケーションをとることの楽しさを学べました。

海外での学会発表ではそれほど緊張しなくなった近年ですが、もっと上達してもうワンランク高い議論が出来るよう練習しています。

　自分の専門能力を発揮する必要な場面で、必要な英単語を駆使して、話すことが必要な外国人と英語で話せなくては、英語習得の意味がまったく無いと痛感したのです。それ以降、たとえレストランでメニューが多少分からなくとも、空港で多少まごついたとしても、自分の仕事や専門でのゴールを達成できるよう、それに合わせた英語トレーニングをしようと考え直したのです。

　以降、現在までの私の英語学習資源は、英字新聞ではなく、読むべき必要な英語論文や教科書です。ハリウッドスターの会話ＣＤではなく、同じジャンルで仕事をする海外の先生の講演の DVD・Podcast です。会話練習は天気や文化の話ではなく、Skype で仕事の話です。

　まず達成したい自己の目標と夢を明確かつ具体的に持つこと、その達成に英語が必要であればきっと集中して習得できるはずです！…What 's Your Goal?

「試験」を終え実用段階に向かおう！

長岡　仁
【医学部】

　私はこれまで英語が得意と思った事は無い。だが仕事柄英語は必須なので人並みの努力はしたつもりだ。だから英語が苦手だが将来理系の各分野で活躍したいと欲している学生さんに、英語に関する私の体験や考えを書くのも何かしら役に立つかもしれない。

　私もかつて「受験英語」に取り組みその時習得した事はその後英語と向き合う為の基礎となった。だが、その後会話や長文を書く段になると戸惑う事が多々あった。初めて論文を書く時、同じ表現を繰り返してしまう自分にがっかりしたのを思い出す。言い古された事だが「受験英語」では「使う」には不十分という事だ。随分その事が叫ばれ入試でヒアリングが採用されるなどしているが、未だに十分とは言えないだろう。思えば「受験英語」で得た知識を自在に使用できる状態に無かった。例えるなら、複雑な機械を手に入れ説明書を熟読しただけではそれを使いこなせない様なものだろう。使うには「練習」という体育的感覚が大切ではないかと思う。これは母国語を習得する子供が自然にやっている事かもしれない。勿論、専門用語や独特の言い回しは「オプション」として頭に入れる必要はある。

読むこと　私も大学時代に英語で書かれた原著の教科書や論文を友人と輪読しようと試みた。完読は遠かったが、専門分野の英語に触れる貴重な第一歩であった。学生さんには原著の教科書で勝負する努力を奨励したい。後に大学院生ともなれば、必要に迫られて原著の論文や実験プロトコールを読み漁る事となる。それに取り組めば、読む事は当面何とかなると思う。

書くこと　読む事よりも書き・喋るのが苦手な人も多いだろう。留学中に娘が現地校に入学しその教育に触れる機会があった。一旦書いた作文を何日も掛けて推敲する様指導していたのが印象深かった。文章の推敲を通じて学ぶ事は多い。何か長文の英語を書いて推敲してみる事である。その際二つポイントがある。

米国留学時代の筆者（写真中央　2001年、ロックフェラー大学にて）
留学を目指すことは大きな動機づけになる。

一つは正確に理解し易くする事、そして心地よい表現を目指す事である。後者は文化的背景にも関わる事で一筋縄には行かない。前者は理系の文章として不可欠だ。その時、同じ分野のネイティヴ（native）の人・先生・先輩等にも見てもらうべきである。私もよく重要な英文メールを英語の堪能な研究室の先輩に何度も添削して頂き勉強になった。正確な情報を伝えなければ、という危機感が重要だったと思う

喋ること　喋る事は、読み書き以上に練習が重要と思う。英会話学校は私も通った。また、私の居た研究室ではミーティングは原則英語であった。聞く方が忍耐を強いられるが、その様な環境は必ずためになると思う。その際、発音や文法を過度に気にしない方がよい。美しい英語は取り敢えず喋れた次に徐々に目指すものだと思う。

　「使える英語」の習得には切実な必要性が原動力になる。既に「受験」で入試問題を解くための豊富な知識は持っている筈。あとは、「英語ができなければ」という切迫感を持ち「練習」に励んでほしい。

良きコミュニケーションのために

西川　裕子
【教養教育推進センター】

　英語はコミュニケーションの道具に過ぎない。英語がどんなに上手になっても、それを使ってやりたいことや伝えたいことがなければ、つまり、自分に中身が備わっていなければ、ただの「英語好き」で終わってしまう。そのことを痛感させられたのは、大学に入学してからだった。それまでは、点数をとるために勉強していた感があったと思う。

　「生きた英語」に触れたのは、夏休みを利用してのアメリカ語学留学だった。当初は、頭打ちになってしまっていた英語検定試験の点数を何とかしたいという気持ちであったが、実際の現地での生活は驚きの連続だった。

　まず、当たり前のことだが、全て英語で理解し説明しなければならなかった。空港から大学近くまで行くバスはどこから出るのか？授業の建物はどこか？宿題はいつまでか？洗濯機が壊れて中の洋服が出てこない…。何かしたい時には、英語を聞き取り読み書き話すことが出来なければ、何も出来なかった。海外からの他の留学生や、夏学期の授業をとっているアメリカ人と話したい時も、少ない語彙を駆使して語り合った。簡単な日常生活のことならそれでも何とかなったが、難しい議論となるとすぐ困ってしまった。伝えたい気持ちがあるのに、語彙の少なさからうまく伝えられないし、直接的な物言いになってしまい相手を傷つけてしまうこともあった。日本語をただ英語に訳しただけのレポートは、全く理解してもらえなかった。文章構造が異なるからだった。言葉は文化なのだった。

　一方で、議論の内容をよく知らないために、会話に参加できないこともあった。日本語で話せないことは、英語でも話せないのだ。しかし同時に、英語が上手な人が、必ずしも素晴らしい発言をしているわけでもないことも分かり、英語さえできれば何とかなる、と考えがちであった自分に気が付いた。いろいろな

語学学校にて（前列真ん中筆者）

人がいたので、英語の発音もさまざまだった。アメリカ人でも、訛りがひどくて聞きづらい人はいた。発音よりもイントネーションに注意した方が正しく聞き取ってくれることが多かった。文法も、よく聞いていると間違えているのでは？　と思うことがあった。

　英語は生きている言葉なのだから、伝えたいことを熱意を持って誠実に伝える努力をすればよい。相手の言うことも、誠心誠意、聞き取る努力をすればよい。ただそのために、願わくば、豊富な語彙がいる。微妙なニュアンスを伝える文法力がいる。伝える内容がいる。場合に応じて、会話をしている相手を思いやる心がいる。言葉の裏にある文化や歴史（英語を通して話している人の文化や習慣も）をも考慮に入れられる必要がある。そう思えてから、英語の勉強も大学の勉強も、前向きに取り組むことが出来るようになったと思う。なにしろ、日常の経験や勉学の全てが、結局は英語の上達につながっていくのだ。大学の学びなどで自分の中身を磨いていくこと。それが英語上達の早道だと思う。

ロックとペーパーバックとポッドキャスト

福士　秀人
【教養教育推進センター】

　私が英語を意識したのは小学生のころで、アポロ宇宙船が月に着陸したときです。ニュースで毎日のようにアポロ宇宙船の様子が中継され、同時通訳されていました。中学で英語を教えてくれた先生は、厳しい先生でしたが、発音記号の読み方も教えてくれた事は、その後にとても役立っています（みなさんには伝えられないのですが、英語の授業であっても先生も私たちも津軽弁なまりでした。青森放送のビデオポッドキャストで「いいでば！英語塾」というのがあり、これを見ると、とても楽しく「英語」と「津軽弁」の二カ国語を同時に学べます）。

　津軽の地方都市で育った私ですので、外国人と話す機会等ありません。ですが、テレビやラジオで英語に触れる事ができました。音楽がいつの間にか好きになり、洋楽に憧れていました。その頃から今も聞いているのはボブ・ディランの歌です、"Like a rolling stone" や "Chime of freedom" はいつ聞いても新鮮な衝撃を受けます。"Chime of freedom" はとてもすばらしい歌です。有名なフレーズは "An' we gazed upon the chimes of freedom flashing" です。このような歌の数々を中学校で英語を習いながら聞き、ギターを弾きながら歌っていました。歌詞カードをたよりに辞書をひいて自分なりに和訳していました。

　高校ではペーパーバックをよく読みました。きっかけは「ライ麦畑でつかまえて」でした。原文が読みたくなり、ペンギン版のペーパーバックを買いました。今でも時々読みます。その文章は学校で習う英語とはまったく違うものでした。当時のアメリカの高校生の口語です。辞書にのっていない単語もたくさんあります。野崎歓さんの訳をたよりにサリンジャーの原文をかじるという不思議なことをしていました。そこから他の作家のペーパーバックを読んだりしました。

　獣医学科に進学して研究室に入り、毎週のようにゼミがあり、とにかくひた

すら英語の論文を読む毎日になりました。英語を読む時間は増えました。でも、会話の時間は相変わらずありませんでした。

　これまで、学校以外で英語を勉強したことはありません。日頃は留学生になんとか気持ちを伝えるべく、つたないながらも英語を話しています。時々はもういいよという顔をされるのが悔しく、なんとかしたいと思っています。

　英語の勉強はしていませんが、毎日、英語のポッドキャストやスピーチを聞いています。特に、Steven Jobs さんの英語はとても聞きやすく、自分の実力を過信してしまいます。スタンフォード大学でのスピーチは有名ですね。ほかには、例えば、私は Macintosh をずっと使い続けているのですが、普段は英語のメニューにしています。iPhone も英語にしています。つねに英語に囲まれるようにしています。

　こうしてみると、限られた時間に勉強をするというよりは、常に英語に触れるようにしているのが英語の力をつけるのによいのかもしれません。

英語の「運転免許」を持って路上へ出てみよう

三宅　崇
【教育学部】

　英語に関して言えば、高校卒業は自動車運転免許取得みたいなものだと思う。多くの人は自動車教習所で運転技術や規範を学び、免許試験場で試験に合格すると運転免許証を手にする。その後は不安こそあれ、公道を走りつつ確固とした運転能力を身につけていく。免許証は手にしたものの、まだまだ自分は未熟だといって教則本を読んでいる人はあまりいない。

　大学入学時までに、学生は中学高校と6年間英語を学んできた。これは自動車運転の教則本を読んだようなものである。高校を卒業したということは、学ぶべき英語文法などは一通り学び修得したということなのである。大学に入ったからには、修得した能力をフルに活かして路上に出るしかない。「一から学び直そう」などと、過去6年の努力を無視するなんてもったいないことである。

　世の中、「学校で勉強したことなんて役に立たない」という風潮が多いが、英語に関してはどうも違う。英語ができないと劣等感を抱く人は多い。そんなにみんな英語を必要とするような社会に生きているのかどうかよくわからないが、「学んだことを忘れていなければ！」と後悔する機会は、物理よりも英語の方が多いのだろう。そう、学んだことを忘れないことは大事である。

　忘れないためには、どうすればよいか？常に触れているのが一番である。ペーパードライバーという言葉がある。これは、自動車免許は取ったが全く運転する機会がなく、いざ運転しろといわれても絶対無理！　というドライバーを指す言葉である。だから、自動車運転もことあるごとにハンドルに触れ続けることが大事で、しかも触れ続けるうちに上達するものである。

　どうせ触れるなら、楽しめることをやるのが一番である。アニメ好きの人は英語でアニメを見よう。DVDの「となりのトトロ」は英語もある。ネット上で

図1　Freddi Fish and the Stolen Shell というゲームのスクリーンショット（Apple の App Store より）

図2　ラジオのクラシック音楽番組 Performance Today の HP。"Listen now >>" をクリックすれば聴ける

　もいろんなアニメが英語で聞ける。ゲームもよい。我が娘はアメリカで Freddi Fish というパソコンゲームにはまっていた。今では Pajama Sam や Spy Fox といったゲームが iPad や iPhone で楽しめる（困った時はネット上でヒントを探しているが、これまた英語で書かれている！）。

　クラシック好きなら American Public Media の Performance Today が気に入ると思う。面白い上に、番組司会の Fred Child の英語がとても美しい。ネット上で聞ける上に、The Piano Puzzler というコーナーはポッドキャストでも配信されている。あるいは、iTunes U で英語圏の大学の講義を聴くのもよい。

　今挙げた多くは、耳を通じて英語に触れるものである。字面で学ぶと一単語一単語が気になるが、聞く場合は聞き取れるもの以外は通り過ぎてしまうので、全部がわからなくてもあきらめがつく（少なくとも私のアメリカ生活体験ではそうだった）。続けるうちに聞き取れる領域が広がっていくだろう。たとえ未熟なまま始めたとしても、自動車運転のように事故に至る恐れはない。
　臆せず始めてみよう。

英語の「運転免許」を持って路上へ出てみよう　63

どうしても英語を学ぶ気力が続かない人へ
〜多文化理解の愉しみのススメ

安田　淳一郎
【教養教育推進センター】

　大学教員なら誰でも最初から英語が得意で、苦労した人はいないのではないか、と思われるかもしれませんが、そんなことはありません。中には英語が苦手だった人もいると思います。しかし、大学教員は論文を英語で書き、国際学会では英語で発表します。英語力は大学教員にとって必須の能力なのです。実は、とても苦労して英語力を身につけた教員もいることでしょう。まるで人ごとのようですが、私はそのような教員の一人として、「どうしてもやる気が起こらない」という読者のあなたへ伝えられることがあります。

　まずは、ちょっと考えてみてください。なぜ、あなたは英語を学ぼうとしているのでしょうか。頭の中で理由を3つ挙げてみましょう。さて、どのような理由が思い浮かびましたか。グローバル化が急速に進んでいるため、これからの時代には英語が必要だと世間で言われているからでしょうか。TOEICで良いスコアを取らないと就職や昇進ができないからでしょうか。それとも、海外旅行に行くときに外国人と会話するためでしょうか。いずれにせよ、英語の単位が必要だからという近視眼的な理由ではなく、自分の遠い将来を見据えたときに英語が役に立つと考えているからではないかと思います。

　実は、この「遠い将来に役に立つから学ぶ」という考え方には、心の隙が生まれることがあります。つまり、「英語は遠い将来には役に立つだろうけど、近い将来には役に立たない。だったら、必要に迫られたときに英語の勉強を始めれば良い」と考えてしまう場合があります。しかしそれでは、後に大きな後悔をすることになります。なぜなら、若いうちに学習した方が上達は早いというよく知られた経験則があるからです。二十歳前後の優れた記憶力を持っている皆さんにとっては、想像することが難しいかもしれませんが、丸暗記する力は年齢とともに必ず低下します（年齢がどれほど英語の上達速度に影響を与えるかを実感したい人は、英会話スクールに行って様々な受講歴の人と話してみるとよいでしょう）。社会人になってから習慣づけるよりも、大学1年生から習慣づける方が、同じレベルに短時間で到達できるため、ずっと効率的です。

上達速度についてはよく知られていますので、英語学習の習慣を始めた賢明な人もいることでしょう。しかし、それが長くは続かなかったという人も多いのではないでしょうか。実はこれも、「遠い将来に役に立つから学ぶ」という考え方から生まれる、もう一つの心の隙が原因です。「役に立つから」という理由で学ぶとき、英語を本当に楽しんで学べるでしょうか。将来の出世を思い浮かべて楽しく学べます、という人はほとんどいないでしょう。「役に立つから」という理由で英語を学ぶと、英語を単なる道具と見なしてしまい、学ぶ楽しさを感じられずに、学習が続かないことがあります。

　ここから言えることは、「英語を学ぶ楽しさがどこにあるのか」が分かれば、英語を楽しく学べて習慣づけられるかもしれない、ということです。最初は楽しさを感じられなくても、知識に基づいた「愉しみ方」を知ることで楽しさを感じられるようになることがあります。これは、サイエンス、絵画やクラシック音楽にも当てはまることです。

　では、英語を学ぶ楽しさはどこにあるのでしょうか。ひとつは、英語を通じて多様な文化を学べることにあります。たとえば、表情を表す色が文化によって異なることを知っていますか。英語圏では、緑色の顔は嫉妬深い表情、紫色の顔は激怒した表情、黄色い顔は臆病な表情を表します。視覚的に見える色は同じでも、人間の表情を表す色は文化によって異なるのです。

　また、こういう話もあります。大富豪というトランプゲームがありますが、そのルールは日本とアメリカで違います。日本の場合には大貧民になると大富豪に強いカードを2枚渡すなどのルールがありますが、アメリカの場合には2回連続で大富豪になると、ゲームのルールを一つ変更できるというルールがあります。私はそのルールを聞いて、政治や経済のルール作りに長けたアメリカらしいルールだと思いました。

　このようなことは一つの文化の中で生きているだけでは中々気づかないことです。言葉の表現の違いから人間の感性の面白さを実感すること、慣習や価値観の違いから日本人らしさを理解することなど、文化を相対化することは豊かな人間性を身につけることにつながります。

　皆さんが多様な文化を理解できるように、大学には非常に恵まれた環境が用意されています。大学には多くの留学生がいたり、英語を自由に話せる場があったり、留学できる機会があったりします。入学前まで英語を入学のための道具だと思っていた人は、多文化理解を愉しみながら、大学で英語を学んでみてはどうでしょうか。

気張らない実用英語のすすめ

山口　瞬
【医学部】

　最初にお断わりしておきますが、私、英語は全く得意じゃないし好きでもないです。むしろ嫌いです。しかし仕事柄英語を使わないといけないことも多々あって、これまで必要に迫られ泥縄式に勉強して何とかしのいできました。
　そんな私が講釈を垂れるのもどうかと思うのですが、私がやってきたことの中で、特に英語の読み書きに関して、参考になるかもしれないと思うのは以下の二点です。もちろん英語のエキスパートになろうという人には参考にならないと思いますが、なんとか英語が使えれば良いという人には参考になるかもしれません。

辞書は引くべからず

　少しオーバーな表現かもしれませんが、できるだけ辞書を引かずに読むことはとても重要だと思います。なにしろ辞書を引いていると疲れてしまいます。それに時間もかかってしまうので、英文をたくさん読むことができず、結果、読む練習にもなりません。
　分からない単語があっても文意から推測して読み進め、辞書は引かない。何度も出てくる単語でこれが分からないと文意がつかめないというものに限って辞書を引いて調べる。そういう習慣にしておけば、それ程ストレスなく読む練習を積むことができます。
　専門領域の学術論文では、専門用語や独特の言い回しが用いられますが、その数は高校時代に覚えたことに比べればはるかに少ないはずです。あと少しの努力で辞書を引かずに読めるレベルに到達できるのではないでしょうか。

一冊の高校参考書を友とせよ

　大学生、大学院生あるいは社会人になると、論文の作成や研究発表、外国人とのメールのやり取りなど様々な場面で英文を書く必要性に迫られます。
　英文を書く際には英文法が重要です。疑問に思った点はいつでも調べること

筆者が使っている辞書と高校生向けの英文法参考書
（右端、既に絶版になっている）

ができるよう、手元に英文法の参考書が一冊あると良いと思います。折に触れ文法書を見返す習慣があった方が、将来的に上達するように思います。文法書は高度な内容のものでなく、高校時代に使った参考書などで十分です。

　実際、今でも私が愛用しているのは高校生用の参考書です。色付きでコンパクトにまとまっていてとても読みやすい。しかし侮るなかれ、これだけで十分世界に通用します。世界中の科学者が読む雑誌に論文を投稿するときも、論文のレフリー（論文を掲載するか否かを判定するその分野の一流の研究者）と論戦するときも、これ一冊でこと足ります。

　実際に英文を書くときには、大学受験のために覚えた細か過ぎる英文法は必要ありません。日本人が分詞構文や慣用句などを駆使して流麗な英文を書くことはとても難しいし、そもそも目標にする必要もないように思います。それより、平易で分かり易く明快な文章を書き、文意を取り違える可能性が生じないようにすることの方が重要です。大学時代にはそういった点を意識しながら参考書を見返し、実際に必要な英文法を頭の中で再構築していく作業が必要だと思います。

　自分が読みやすいと思う参考書を一つ、いつでも参照できるよう持っておくことをお勧めします。

大学時代に英語ショックを味わおう！

山本　秀彦
【工学部】

英語ショックその１．

　「それって、何〜〜！？？」、というサンディエゴからやって来たかわいい女性から言われて、ショックを受けました。若かりし頃、論文を英語に訳して、その彼女にみてもらった時のことでした。そうそう、高校時代の授業でおぼえた「健康を失って初めてそのありがたみがわかった」の英文、It is not until we lose・・・．英語の構文150の中の一例、いわゆる、強調構文ですね。これを意気込んで使った英文を見て、かわいいカリフォルニア・イングリッシュの発音で私に問いかけました。「それって、何〜〜？？」私も答えましたよ、「何言ってんの、有名な強調構文やん・・・」と。でも、彼女、クスッと笑って、「な表現使わないよ、それって、こういうこと・・・」とまさに平易な英語で言うじゃないですか、「え"〜〜、それがエイゴなの〜〜！　私の高校英語はなんなのよ〜！！」とショックを受けました。

英語ショックその２．

　アーノルド・シュワルツェネッガー主演の映画を見た時、刑務所に双子（ふたご）の兄に初めて会いに行った時の、刑務所の受付が発した英語。受付の人は「も、会ってるよ」、とシュワちゃんに言う。あれ、今のなんて言ってるんだろ、You saw him かな、と思って、英語音声に変えて聞いてみると、「You got him」。「え"〜〜"それがエイゴなの〜〜！　「会う」なんて動詞、ぜんぜん使ってないじゃ〜ん」。

英語ショックその３．

　サンディエゴの彼女とよく会って親交を深めている頃、そうそう、やっぱ、英語は会話だよね〜。受験英語で固められた日本男児は、しゃべりたい英語の文章全部が、頭の中に出来上がって初めて、口で発する、というまさに、100点獲得めざす受験英語優秀者でした。ので、一つでも分からない個所があると、彼女にしゃべれません。そんな頃、ケント・デリカットだったかな、彼が書いた

最近よく見る DVD は、World Invasion.
この映画で知った英語は、Retreat Hell！

　本を読んで、アメリカ人の彼が日本語の難しさを言っていました。日本語の助詞は外国人には実に難しい、「で」、なのか、「を」、なのか・・・。そこで、彼は、気がついたそうな。「助詞、はじめっから言わないでおこう」、っと。例えば、「学校へ行こう」と言う場合、「学校__行こう」で日本人は理解してくれる。英語も同じです、 with なのか at なのか、in なのか、分からなかったら、無しでしゃべればえ〜やん。with なんか無しで発音してもネイティブは理解してくれる！
　「え"〜〜、それがエイゴか〜！！」それ以後、気が楽になって、どんどん彼女と話ができました。間違ってもえ〜やん、言いなおせば！　の気楽さでした.

　以上まとめると、大学時代に単語はおぼえよう、ネイティブの彼女作って、毎日、「今日は、彼女と何話そうかな」と、シミュレーションしたらそれを頭の中で英語に訳す、英語を聞き流す学習法をやってもダメ、映画を何度も英語で聞いて、言い回しをおぼえる、これですね。で、英語を忘れないように、大学の授業にでて、さらに語彙力、しゃべりを強化する。大学に入ってまで、英文法やりたくないでしょ（ほんとは大事ですが）？　タメになったでしょ、この英語ショックストーリー！

作品名：世界侵略：ロサンゼルス決戦
価格：1,480 円（税込）
好評発売中
発売・販売元：ソニー・ピクチャーズ エンタテインメント
セル DVD 品番：OPL-80151
掲載写真：(C) 2011 Columbia Pictures Industries, Inc. and
　　　　　Beverly Blvd LLC. All Rights Reserved.

大学時代に英語ショックを味わおう！

原書を全文和訳

山本　政幸

【教育学部】

　英語はなかなか上達しないですが、研究上必要に迫られて使っています。いつも使っていないと読む速度は落ちるし話せなくなるので、この歳になっても日々勉強です。作文はいまだに苦手で、必ずネイティブの知り合いにチェックを入れてもらいます。発音は一生苦労すると思います。中学、高校の時にちゃんとやっておけば…と、あとになって後悔の連続です。とくに高校時代は、部活に熱中したこともあり、英語の成績ははっきりいって悪かったです。

　そんなどん底から自分を救ってくれたのが、浪人時代の予備校の先生でした。私は当時美術史学の方面を目指しており、専門の先生が特別にマンツーマンで指導してくれることになったのはよかったのですが、本業が大学院生だった先生の課題は手加減のないハードなものでした。毎週の宿題として、美術辞典の項目丸暗記と英語の長文全訳が当然のように課されました。「じゃあ来週までにこの一章全部ね～」という具合に。当時の自分のレベルにおかまいなしの「全部」の言葉に衝撃を受けました。一章が何ページもあるのですから。『西洋美術史小辞典』（美術出版社）を片手に、英語原書は自分で選んだ『Modern European Art』（Thames & Hudson）。真っ青になりながら、まずはわからない単語の下に片っ端から日本語を書き込むところから始めました。

　当初はページのほとんどが鉛筆書きで真っ黒という恥ずかしい状態でした。ところが、一章、また一章という、先生の容赦ない指令に食らいついていった結果、その書き込みが減っていきました。頻繁につまっていた長文が次第にすらすらと読めるようになり、いつのまにか和訳作業が面白くなっていました。ちなみにこの原書は美術作品の図版がたくさん収録されたシリーズの一冊で、目で楽しみながら進めることができました。当時の地元岡崎の小さな本屋でわれながらよく発見したと思います。英文が比較的平易で、なにより文章が図版を解説していることが多く、難解なところでも図をよく見れば理解できたりしました。知らない固有名詞や歴史事項は『小辞典』を引けばわかる仕組みでした。疲れるけれども興味のある内容なので飽きることなく、常に先を読みたいとい

長文和訳に使用した洋書

う気持ちになります。高かった壁の一枚を乗り越えたような気がしたことを記憶しています。大学入学後、大学院進学後もそうした原書読解の連続で、進めば進むほど霧が晴れる感じというか、砂漠が畑に変わっていくような感覚をもちました。

　英語の勉強の仕方にはいろいろあると思いますが、私の場合の第一歩は、このように興味のある原書を端から全文和訳していく、まるで畑を耕すような力ずくの方法でした。単語が一気に身に付くし、量をこなすことでなぜか和訳のコツもわかってきます。そして苦しさが面白さに変わる瞬間が必ずあります。その一瞬に気づかせてくれた先生には、今も感謝しています。

教養ブックレット Vol.5
大学で「使える」英語を学ぶ方法

2013 年 3 月 25 日　初版発行

編集　岐阜大学教養教育推進センター（野村幸弘責任編集）
〒 501-1193　岐阜市柳戸 1-1
TEL 058-293-3007
発行者　竹鼻均之
発行所　株式会社 みらい
〒 500-8137　岐阜市東興町 40 番地　第 5 澤田ビル
TEL 058-247-1227　FAX 058-247-1218
http://www.mirai-inc.jp/
印刷・製本　西濃印刷株式会社　　表紙・イラスト　佐藤

ISBN 978-4-86015-289-5　C1037
Printed in Japan

乱丁本、落丁本はお取替え致します。